出版人に聞く 14

戦後の講談社と東都書房

原田裕

HARADA Yutaka

論創社

戦後の講談社と東都書房　目次

第Ⅰ部

第Ⅱ部

第Ⅲ部

戦後の講談社と東都書房

インタビュー・構成　小田光雄

第Ⅰ部

1　前口上

――今回は出版界の最長老で、現在でも出版芸術社の経営に携わっておられる原田裕さんに登場頂きました。以前にも原田さんは『本の雑誌』（二〇〇七年九月号）の「編集生活六十年」（聞き手　新保博久）や『山田風太郎』（「別冊太陽」）の「山田風太郎と最後まで付き合った編集人生」といったインタビューに出ておられるので、最長老の編集者としてもよく知られていると思います。

早速ですが、おいくつになられましたか。

原田　今年九十歳を越えました。

――そうですか、とてもそんなお歳には見えないし、矍鑠とされている。ということはこの「出版人に聞く」シリーズ13『倶楽部雑誌探究』の塩澤実信さんのさらに先輩ですね。

原田　彼と知り合ったのはロマンス社を通じてだから、もうかれこれ六十年前のことになります。僕は二十代半ば、彼はまだ二十歳そこそこじゃなかったかな。

――そういった戦後の出版の始まりのシーンに立ち合っている関係者は本当に数少なくなり、多くが鬼籍に入ってしまっている。ですからぜひ原田さんにもインタビューしておかなければならない。そんなつもりでやってきました。

2 『ロマンス』と『平凡』

原田 それなら『ロマンス』のことから始めてみましょうかね。

――ええ、ぜひお願いします。塩澤さんの証言のフォローにもなると思いますので。

原田 僕にとってまず戦後の雑誌というと、評判と売れ行きが群を抜いていたのは『新生』ですよ。

――青山虎之助が一九四五年に創刊した戦後初の総合雑誌ですね。

原田 『新生』の編集顧問は室伏高信などの戦前の文化人だったけど、タイトルと相俟ってとにかく戦後の新しいイメージがあった。

その後に出てきたのが『ロマンス』で、それから『倶楽部雑誌探究』でも語られてくるけれど、同じロマンス社からアメリカの出版社と提携した読物雑誌『トルー・ストーリィ』と写真雑誌『フォトプレイ』が創刊され、これらもかなり売れていた。『ロマンス』に加え、こちらの二誌を見て、凡人社を創業して『平凡』を刊行していた岩堀喜之助さんが大いに刺激を受け、ロマンス社へと接近してきたようで、事務所も狭いものでした。その狭い一室に挿絵画家の嶺田弘さんが机を借りていたから、注文の絵を取りにいく度に顔を合わせる岩堀社長とも親しくなりました。この凡人社が後の平凡出版、マガジンハウスであることはいうまでもないでしょうが。

―― 確かに塩澤さんも『トルー・ストーリィ』や『フォトプレイ』はマガジンハウス系の娯楽雑誌の感じだと述べていましたね。

原田 だから範としようとしたのだけど、なかなか追いつけなかった。それで僕は文芸雑誌の色彩をも残している『平凡』を、いっそのこと『歌と映画の雑誌平凡』という一枚看板で売ってみてはと提案した。すると多分岩堀さんご自身もそんなことを考えていたらしく、二、三ヵ月して本当に岩堀さんは「歌と映画の娯楽雑誌」に変えてしまった。それがたちまち人気を博し、五二年頃には百万部を突破する雑誌へと躍り出た。これはあまり公言していないけれど、凡人社と平凡出版に相当恩を売ったのではないかと思っているわけですよ。ただ僕はまだ駆け出しだったから、そんな若造の意見をすぐに取り入れた岩堀さんがえらいに尽きますが。

――原田さんは講談社にいて、講談社出身の編集者たちが拠っていたロマンス社とも親しく、また凡人社ともつながっていた。そういうことになりますね。

原田　今思えば、当たり前のことですが、日本の社会も出版業界も隔世の感があり、あの頃は編集者同士がとても仲よかった。出版社は異なっていても、色んなつながりがあり、出版を媒介としての連帯感といっていいのか、一種独特のニュアンスがあった。

早い話が嶺田さんにしてもなかなかいい絵を描く売れっ子だったから、自分の事務所を持つ実力は十分あったはずだが、住宅払底の頃で誰も不審に思わず、編集者たちは凡人社の机にいる彼に仕事を頼みに通った。僕もその一人だったわけで、しょっちゅう出入りしていたものだから、社長の岩堀さんや編集の清水達夫さんたちとも親しくなり、『平凡』を軌道に乗せるにはどうしたらよいかと一緒に議論したりしたあげく、僕は、生意気にも『歌と映画の雑誌平凡』にしたらと提案に及んだのです。

――講談社の編集者が凡人社の『平凡』のリニューアル提案をして、それが受け入れられ、『平凡』はたちまち百万部雑誌へと大化けしたという絵に描いたような出版サクセスストーリーですね。確かに原田さんが相当恩を売ったと考えても当然のことでしょう。

でも凡人社も含んだ社史『喋る—平凡出版38年のあゆみ』を読んでみても、『ロマンス』の影響を受けたことは語られていますが、原田さんのリニューアル提案についてはふれられていません。

3　出版社の営業問題

原田　もちろん出版史にしても、正規の歴史とはそういうものでしょう。ただ僕はその当時の出版人の雰囲気を申し上げただけで、僕の思いつき発言が『平凡』の命運を決めたわけではないことはいうまでもありません。それでもやはり留意しておかなければならないのは、雑誌であっても書籍であっても、すべてが正規の会議で決められ、創刊されたり刊行されたりするとは限らないわけで、戦後の混乱期のカストリ雑誌なんかはまさにその典型だったと思いますよ。

それからついでにいってしまうと、なぜロマンス社がつぶれて、一方で平凡出版が成功したかには営業の問題も大きく絡んでいる。ロマンス社は講談社から出ていった僕の先輩編集者たちによって立ち上げられた出版社だった。彼らは編集者として優秀だったから、一時の成功は収めることができた。ところが商売のことがわからないので、売れた、儲かったといっても、みんな使ってしまって将来につながらなかった。お金がなくなれば内紛も起きる。当時ロマンス社の人たちから直に聞いた話によれば、それは営業と経理に通じている人間がいなかったことに尽きる。

平凡出版のほうは岩堀さんが経営と営業、清水さんが編集と早くから分業体制ができていたことが、ロマンス社とは明暗を分かつ道を歩んだ理由でしょう。結局のところ、しっかりした営業がついている出版社は残り、そうでないところは残らなかった。

――原田さんがここでいわれている営業とは具体的に現在のような出版社の営業部をさすのではなく、出版という商売を金の流れというか、経理の面からも見ることができる能力を意味しているわけですね。

原田　そういうことです。今は出版社に営業部があって、書店回りをして新刊や補充注文をとってきたり、様々な販売促進をしたりしているが、戦後の混乱期にはそんな余裕もなかったし、平凡出版だって営業なんてなかった。もちろん講談社には営業部があったけれど、取次に見本を持っていって配本部数を決めてくるくらいだった。

カストリ雑誌の場合だと、取次や書店が現金買いでどさっと仕入れ、売っていた。しかも戦後の二年ほどは出せば何でも売れる出版状況が続いていたから、一種のバブルの中にあった。

さすがにロマンス社はカストリ雑誌出版社と同列ではなかったし、講談社の営業部にも相談し、教えてもらいながらやっていたことになるのだけれど、こちらの営業部だって本当の意味での営業や経理がわかっていたわけではないから、必然的にロマンス社も放漫財政から抜け出せなかった。

―― 日本の近代出版流通システムは出版物を流通させることに関しては便利だが、金融は常に「どんぶり勘定」の性格を伴うとされています。それが講談社においてさえ、しかも戦後になってもそうであったことにあらためて驚きます。

原田 でもそれが現実で、本当に所謂「営業」、それも書店に対する「営業」というものの大切さとか力がわかってきたのはもっと後になってからのことですよ。

―― 出版社、取次、書店には明らかなヒエラルキーがあって、出版社は流通販売を取次と書店に丸投げしていたということになりますか。

原田 戦前からのそうした力関係がずっと続いていて、特に大手出版社の場合は国策取次の日配時代も変わらなかった。それから戦後の一九四九年に日配がＧＨＱによって閉鎖機関に指定され、現在の取次各社が誕生するわけだけれど、これらは講談社を始めとする大手出版社が株主となってスタートしたので、やはり否応なく取次の上位に立つような位置づけにあった。

――そういえば、近代出版業界の草分けにして雄である博文館が営業していたという話は耳にしていませんし、自らが設立した取次の東京堂にそれらを全部まかせていたんでしょうね。それで思い出しましたが、確か岩波書店が書店営業を広く実践するようになったのは一九七〇年代後半だったはずです。

4 編集者の体質

原田 営業、流通、販売、それから経理や経費に関して考えるのは（武士として?）卑しいことだし、（国士であるべき?）編集者はそんなことをわからなくていいという雰囲気があった。講談社だってそうなんです。ま、今の若い人たちには全く解らない境地でしょうね。

――なるほど、この「出版人に聞く」シリーズの『営業と経営から見た筑摩書房』

で、菊池明郎さんが社内における営業への蔑視を語っていましたが、それは大手から中堅出版社に至るまで、長きにわたって蔓延していたものだったんですね。

原田　僕もそうだったから他人のことを非難できない。編集者が仕事で外に出て、色々と経費を使う。それを会社に請求するわけだけど、領収書もなくていい加減な金額なんです。だから間違っているのだが、編集者は金の管理などしなくてもいいと思っているから、それで平気になってしまう。もし間違っていたら経理のほうで適当に直してくれればいい、それでいいんだという感じだった。内心では本当によくないとわかっていながら、編集者たる者は経理になど無頓着であるべきだと思いこもうとしていた。僕なんかもそれに感化され、実際に使った経費の計算をわざとのように間違えるし、経理には迷惑のかけっぱなしだった。とりわけ戦後の混乱期の出版社はそれが当たり前で、多くの出版社ができたが、そのうちの大半がつぶれてしまったのはそうした金銭蔑視感覚も大きな原因でしょうね。「武士は食わねど高揚子」といったヘンテコな「サムライ」を格好いいと思う下町的江戸ッ子気質が、いつ頃からか出版界に蔓延していたのですね。

——　出版社の経営、営業、編集というものは必然的に対立や矛盾も内包しているものので、なかなか一概に語れないのですが、原田さんが出版芸術社を興し、経営されるようになってからあらためて自覚されたことなんでしょうか。

5　第一出版センターの経験

原田　もちろんそれが多いのだけれど、僕にとっては教科書や教育出版局の仕事に続いて、かつての東都書房から独立子会社に変身していた第一出版センターの社長を務めたことも貴重な経験だった。出版社経営について色々と勉強させてもらいました。

――『講談社七十年史戦後編』を見ますと、第一出版センターは一九七〇年十二月に設立され、講談社の定年退職者やベテラン編集者を擁し、美術関係を中心にした豪華本、全集物などを多く刊行し、後年の豪華図書展示会では、これらの出版物が好評を博したとあります。

原田　そう、その第一出版センターの初代社長は講談社の伊藤金吾常務で、二代目が僕だった。この第一出版センターは六八年に立ち上げられた講談社出版販売とともに豪華図書展示即売会を開くことになった。

――本だけでなく掛軸、絵巻、屏風の複製なども含まれていましたよね。

原田 講談社の各種全集なども売れたけれど、そちらのほうの売れ行きがすごくて売上の半分近くを占めていた。

それは七七年のことで、東京帝国ホテルに続いて大阪ロイヤルホテルでも開き、十三億円近くを売った。東京と大阪での豪華図書展示即売会の成功は全国各地の書店にも影響を及ぼし、書店からの強い要望もあって、翌年には広島、金沢、名古屋、新潟、札幌、仙台でも開催し、二十六億円ぐらい売ったんじゃないかな。

――それは展示即売会といっても、各地の書店を通じての販売だった。

原田 もちろんそうだし、講談社の名前でホテルなどに会場を設け、豪華なパンフレットを作り、新聞広告を打ち、書店の外商部などを通じて美術書や豪華本の読者や顧客を連れてきてもらうというイベントで、たまたま七九年は講談社創業七十周年でもあり、販売促進や宣伝にも力が入り、確か三十億円を超える売上だった。

この体験はとても大きかった。僕は文芸書の専門できたから、教科書出版の体験と第一出版センターを通じての豪華本の製作と販売は新鮮で、経営に加えて、営業、販促、書店の外商の実態と顧客のことなどを勉強させてもらった。また企画に関しても同様です。

6　出版芸術社の立ち上げ

――一九八八年に原田さんは出版芸術社を立ち上げるわけですが、図書目録を見ますと、藤岡知夫『日本産蝶類及び世界近縁種大図鑑』や竹内敏信『櫻』を始めとする豪華写真集などは第一出版センターの系譜を引き継いでいることになりますか。

原田　これらは初期の出版で、当然のことながら第一出版センター時代からの企画を継承している。それで最初の社名を新芸術社としたのです。事情があって出版芸術社と改めましたが、美術書をメインにしようと考えていたからです。

僕も定年になり、六十代半ばで年金ももらえるし、出版界からも引退しようと思っていたら、まだバブルの時代だったこともあって、原田さん、今辞めて何をするんだ、もったいないじゃないか、俺が金を出すから出版社をやれよという人たちがいっぱいいて、僕もなんとなくその気になってしまった。あの頃は株を買えば、すぐに儲かるという時代だったから、金を出しても儲けてくれる人だと目されれば、たちまち会社ができた。それで僕も豪華本や美術書だと考え、出版芸術社をスタートさせた。ところがバブルが崩壊し、経営的にも苦しくなり、本当に六十の手習いならぬ、経営の苦しみを味わうことになった。

——それで合気道関係の書籍やビデオなども手がけるようになったのですね。

原田　『合気道開祖植芝盛平伝』の著者の植芝吉祥丸とは大学の同級で、この元版は僕が講談社時代に出したものです。それらのことがあって、出版芸術社で再刊し、それに合わせて雑誌『合気道探求』を始め、合気道関連書やビデオなども刊行するに至り、安定した売上を占めています。

尺八などの日本古典音楽に関するシリーズも出していますが、これは僕が琴古流尺八の流れを継ぐ芳蘭会会長の立場にあるという事情によっている。

——そうだったのですか。これで出版芸術社におけるミステリーや「ふしぎ文学館」以外の豪華本や美術書、合気道関連書、尺八などの日本古典音楽書の出版の事情がわかりました。

7　ポプラ社の田中治夫

原田　第一出版センターや出版芸術社の体験を通じて、編集のことしか知らなかった僕が出版経営や資金繰りなども勉強せざるをえない立場に置かれたわけですが、ポプラ社の社長の田中治夫さんと知り合ったこともとてもよい刺激になった。

——私もポプラ社の田中さんには七、八年前にお会いしていまして、ポプラ社の社史を出して下さいと頼んだら、戦後の混乱期を含めた出版業界史は自分しか書けないだろうし、それも含めた社史を書いているところだという言が戻ってきた。だからその刊行を鶴首して待っていたのですが、田中さんは数年前に亡くなってしまい、社史も出されずに終わってしまった。本当に残念なのですが。

原田　あれは出版芸術社を始めた頃だったから、二十年以上前のことになるが、四国の徳島で戦後の出版の話をするという企画が持ちこまれた。それは僕が編集、田中さんが営業の話をするという内容だった。それで僕と田中さんが半分ずつ話をした。

当然のことながら、その日は徳島泊まりになった。すると田中さんは朝早く起きて、すでに書店回りをしていて、遅い朝食の席でそれらにまつわる話をしてくれた。僕はすっかり感心してしまい、営業にも偉い人がいるものだと思った。

そこで僕は頼んだわけです。所謂営業というものをやったことがないから、書店のことを全然知らない。せっかく田中さんとご一緒したのだから、今夜はぜひ一緒に連れていってくれないか、と。

――第一出版センター時代にそうした経験はなかったのですか。

原田　講談社の子会社であることも絡んで、僕は経営者の立場に徹すればよかったし、書店営業は講談社出版販売が担当していたので、ダイレクトに関わることなく過ぎてしまった。もちろん頭では編集者時代よりも営業や書店のこともよりリアルには考えていたけれども。

――すると書店回りも六十を過ぎての手習いだったことになりますか。

原田　そういうことになるね。

僕の申し出に対して、田中さんは夕方にもう一度回るつもりでいたから、一緒にいきましょうと気さくに車もチャーターしてくれた。講談社さんにはお世話になっているので、お安い御用だとおっしゃる。田中さんは一九四八年にポプラ社を創業しているが、その際に戦前の講談社から出ていた江戸川乱歩の『怪人二十面相』などを目玉にして始められたそうだ。もちろん講談社と乱歩さんの了承を得て、印税も払った上でのことです。ところがこれが大当たりして、戦後のすぐに換金できる取次市場で、飛ぶように売れた。彼が面白おかしく語った話によれば、あり金をはたいてできるだけの部数をつくる。それを荷車に積んで、そうした取次市場に持っていくとたちまち売れてしまう。それで札束を抱えて戻り、それをすべて製作費に回し、もっと部数を刷る。それを繰り返しているうちにポプラ社の資金繰りもできるようになったという。まあ、僕と講談社に対するサービスもあると思いますが、事実に近いんじゃないかな。

これは蛇足ですが、この時の田中さんと僕の講演については、徳島県の北島町立図書館長で、幅広い文化活動を展開している小西昌幸さんが詳しい報告書を作成されています。

―― 小西さんはこの「出版人に聞く」シリーズに注目されているようですから、今回の原田さんへのインタビューも期待していると思いますよ。

それらはともかく、田中さんも戦後出版状況を書き残してくれるとよかったのですが、本当に残念です。田中さんが流通や販売、書店事情に通じていたことは『書店人国記』（メディアパル）や尾崎秀樹・宗武朝子編『日本の書店百年』（青英舎）所収の宗武との対談

「書店の成り立ちから、寡占化の時代まで」にも明らかでしたし、未刊の遺稿が残されているのでしたら、その出版も望みたいところです。そうした彼の配慮によるものだと思われますが、キディランドの創業者橋立孝一郎の遺稿・追悼集『風』（ポプラ社）も刊行されているのですから。

原田　そのことはよくわかりますよ。田中さんと一緒に書店回りをしてみると、本当にどこにいっても親戚みたいな感じだった。あそこの子供は早いもので高校生になったとか、東京にいった時はお世話になったとか、結婚の時にはお祝いをもらったとか、どこの書店でもそんな話ばかり出てくる。僕は本当に大したものだなと感心を通り越して呆れてしまった。田中さんの場合、営業というよりも全部そんな調子なんで、これが究極の営業であり、販売につながるんだと感服してしまった。そうなるまで何十年もかかっているんだろうとすぐにわかったから。

――児童書のポプラ社という立ち位置もあって、田中さんは戦後の混乱期における書店が復興し、高度成長期を経て次第に大きくなり、各地の商店街の文化的コアの役割を果たすようになるまでを、出版業界特有のハイアングルではなく、ローアングルで見守ってきた。書店が彼に見せている親しみや好意はそれに尽きているでしょう。

8　講談社の児童書

原田　まさにそうでしょうね。でも僕の知る限り、田中さんのような人はいないし、講談社にだって各地に講談社の支社もあるけれど、転勤で部署が変わるサラリーマンではそういう人は育たない。支社長以下、何か大型企画がある時は宣伝にきたり、定期的に訪ねたり、親しい書店ができていたにしても、とても田中さんのような営業はできない。

　それで僕は昔のことを思い出した。講談社時代に二十八の時だったかな、若かったけれど、文芸課長になったので、会議に出て、初版部数を決める場面に立ち合った。あの頃は社長も出ていて、各出版部の課長、編集長、役員も勢揃いして決めていた。文芸書のほうは二千とか三千部で、四千部というのはなかなかない。もちろん売れっ子の流行作家や超大家の場合は、例外的に一万部以上が刷れたけれど。

　ところが絵本とか児童書になると、部数がまったくちがうわけです。絵本は三万部、五八年の『少年少女世界名作全集』だって最初の会議では二万か二万五千部だった。しかし評判がよくて、まず七万部の予約が集まり、発売されてからも増え続け、それが二十万部にも達してしまい、戦後の児童書出版としては記録破りの部数となった。確か第一回配本は二十五万部だったんじゃないかしら。

――それはすごい部数ですね。戦後になって講談社は『世界名作全集』百八十巻、『世界名作童話全集』全六十巻、『学習図鑑』全二十五巻、『世界伝記全集』全五十巻を刊行していて、それがベースになって『少年少女世界名作全集』へと結実していったことになり、この時代の講談社は児童書出版社の色彩も強かった。

原田　そんなわけで、児童書出版が注目を浴び、色んな全集や児童書が出されるようになった。でも書店にいくと、講談社の絵本、児童書、全集類はそれほどは置かれていない。その代わりにポプラ社の本はいっぱいあって、一番いいところに並んでいる。

講談社の児童書は文芸書と異なり、ケタがちがう二万とか三万の初版部数を刷り、たくさん出しているし、取次からも優遇されているのに、どうして書店に並んでいないんだと児童書の編集長が営業に文句をいっている場面に立ち合ったことがあります。

どこでもそうでしょうけど、講談社でも編集と営業＝販売は宿命的に仲が悪いこともあって、僕も販売の「ハン」は「反売」と書くんじゃないかといったりしていた。今から考えると何もわからないで、よくあんなことがいえたものだと思うし、恥しく、また申し訳ない次第ですよ。営業は露骨にいやな顔をしてね。まさに殴り合い寸前までいったこともあります。それはそうだよね、何もわからない若造の編集に言われっ放しみたいなところがあったから。

でもそれから何十年か後に、ポプラ社の田中さんに会って、講談社とはまったく異なるこの人に代表される児童書出版社の営業にはかなわないし、負けていて当然だと思いました。そのことで気づいたのは後に教科書の仕事もやりましたが、教科書会社にもそれなりのノウハウが蓄積され、それが学校現場の営業にも生かされ、講談社のような出版社ではちょっと立ち打ちできないところがあったのじゃないかということですね。田中さんのようなその道のプロの書店回りに同行して、そのことを切実に感じました。

9　江戸川乱歩『探偵小説四十年』

――こういっては失礼ですが、それこそ講談社から離れた定年以後に学ばれたことが大きいということになりますね。

それらをもう少しうかがいたい気もするのですが、このインタビューの本来のテーマか

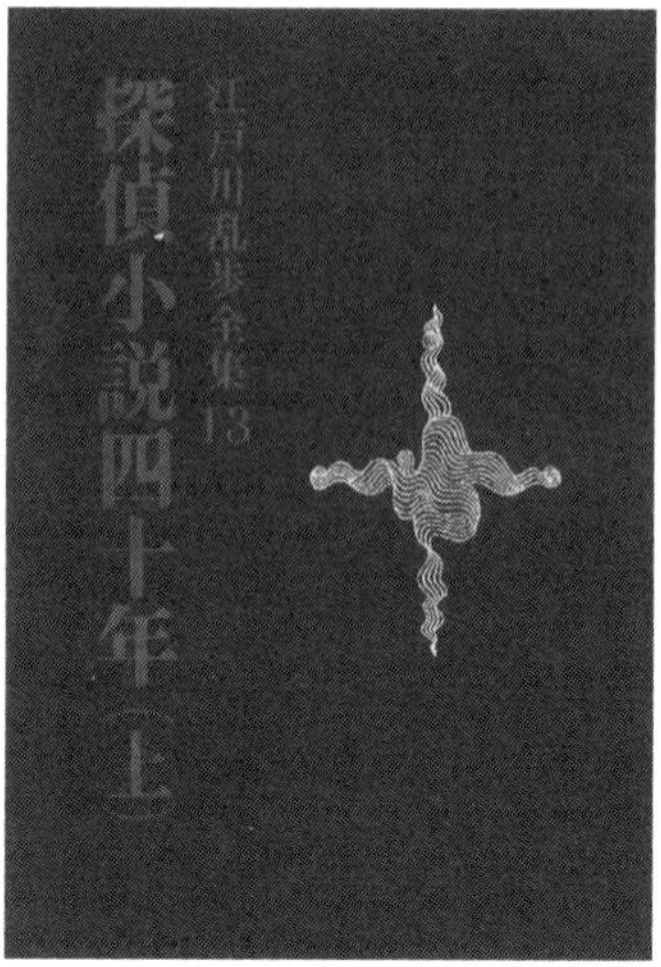

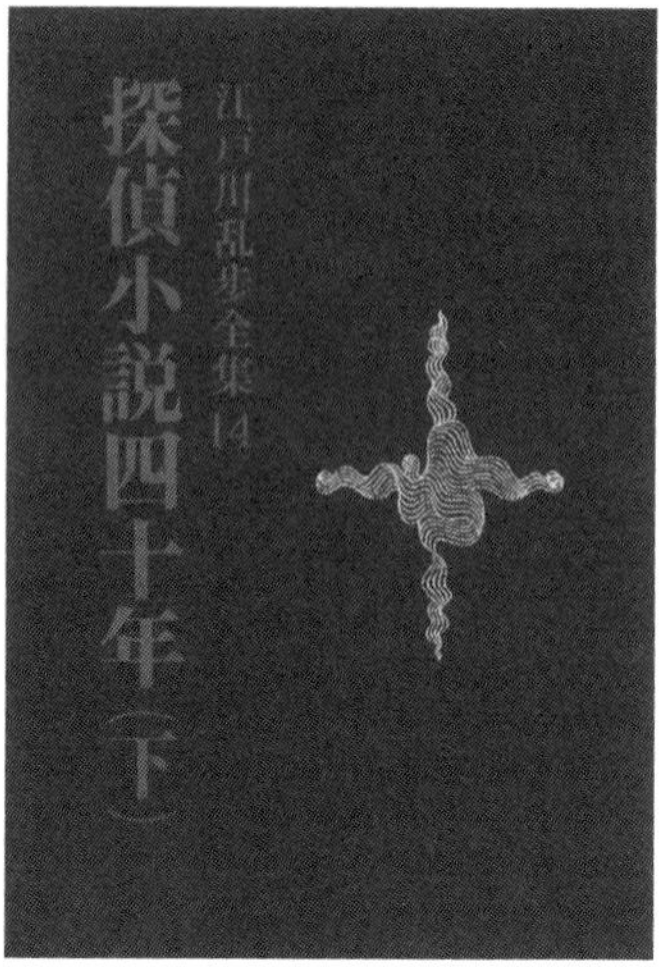

らちょっとずれてしまいますので、戦後の講談社と原田さんのことに戻させて下さい。

私が原田さんの名前を最初に目にしたのは江戸川乱歩の『探偵小説四十年』（初版桃源社、一九六一年）の中の『日本推理小説大系』に関する言及においてでした。その部分を引用してみます。

こういう全集の類は毎年一種や二種は必ず出るといってもよいほどで、珍しくはないけれども、最後に記した東都書房の「大系」だけは注意するねうちがある。この「大系」の計画を立てたのは東都書房の原田裕君で、この人は講談社の学芸部長時代に、最初の書き下ろし探偵小説全集を企画して成功を収めた経歴もあり、推理小説通として知られている。その原田君の立案で大系の編集委員が委嘱されたのだが、それは平野謙、荒正人、中島河太郎、松本清張と私の五人であった。この五人がたびたび会合を開き、議論を戦わして、「大系」の内容をきめたわけである。作品も明治大正から、昭和戦前、戦後、現代と、歴史的に配列し、この叢書自体が日本推理小説史だといってもよい編集ぶりであった。

実はこの『日本推理小説大系』のうちの『江戸川乱歩集』を小学生の時に読んでいました。それは私があのポプラ社の『少年探偵江戸川乱歩全集』の愛読者であることを同級生が知り、うちに乱歩の本があるからと持ってきて貸してくれたからです。それでポプラ社版は児童書としてリライトされたものであり、こちらが元の作品だとわかった。その体験ゆえにあの菊判の黒い箱入り、三段組みの『日本推理小説大系』がずっと記憶に残ることになった。

原田　僕もそれに類する話とエピソードはいくつも聞いている。そしてあれは僕が企画編集したというと驚くわけです。それはともかく、これは『日本推理小説大系』のかつての小学生の読者が後期高齢者となった編集者にインタビューする企画ということになる。

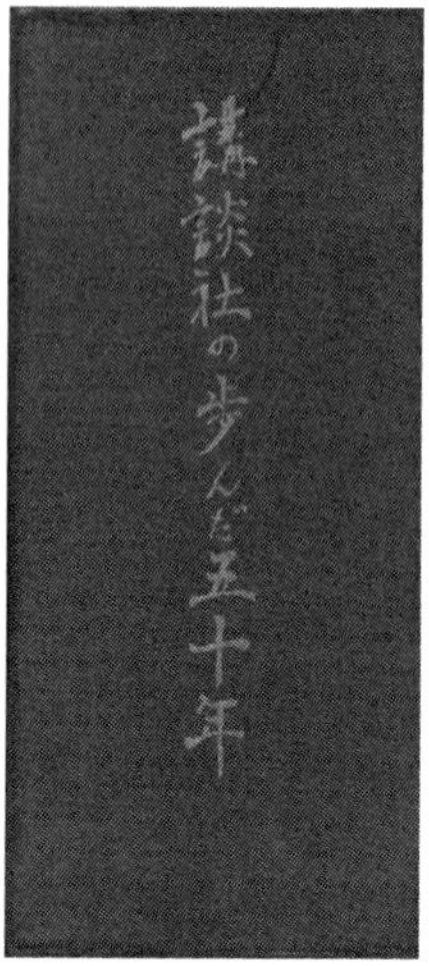

―― 絵に描いたフィクションのような組み合わせになりますが、これも原田さんが長寿で矍鑠とされていること、それにこの「出版人に聞く」シリーズを始めたことが結びつき、実現したもので、それを寿ぐためにも充実したものに仕上げたいと思っております。あらためてよろしくお願いします。

原田 いやいや、こちらこそ。

―― それからこのインタビューにはもうひとつの目的がありまして、現在ではミステリーの全盛を迎えているといっていいわけですが、それに関して、講談社と原田さんが果たした役割が大きかったのではないか。そして原田さん以後もそれは引き継がれ、冒険小説、新本格といった流れにも講談社のそうしたＤＮＡが継承されていたのではないか。

また講談社というと、『群像』と編集者の大久保房男、『群像』新人賞による村上龍や村上春樹のデビュー、『日本現代文学全集』の刊行、講談社文芸文庫などに連なる文芸書出版が語られますが、その一方では『講談倶楽部』から『小説現代』に至る確固としたミステリーや時代小説を始めとする大衆文学の出版活動も大きな位置を占めていたのではないかと見ています。

そのことを示すように、『講談社の歩んだ五十年 昭和編』の昭和二十一年の入社リストに原田さんと大久保房男が並んでいます。お二人は同期入社で、前述したように異なる編集者の道を歩んだといっていいでしょう。そこでまずはどうして原田さんが講談社へ入ったかということからうかがっていきたいと思います。

10 大日本雄弁会講談社入社

原田 当時は大日本雄弁会講談社でしたが、入社したのは一九四六（昭和二十一）年で、戦時中は学徒動員され、軍隊に入っていたから、戦後になって早稲田大学政経学部に戻った。それで四六年九月に卒業し、就職ということになった。
一般的な就職というと、財閥系の会社として銀行はあったにしても、すでに解体が問題にされていた。結局のところ、僕らのようなタイプは一応募集が出されていた新聞社か出版社に的を絞るしかなかった。出版社の場合、当時学生に人気があったのは中央公論社や改造社だったけれど、木造平屋建てでひどい建物だった。それは岩波書店なども同様だった。そんな中で、講談社は鉄筋コンクリートのビルだった。それで色々あったけれど、新聞社ではなく、講談社に入ることにした。

――でも当時の講談社の置かれていた状況というのは非常に厳しいものがあったはずですが。GHQから講談社は戦犯出版社の容疑を受け、それに同調した左翼出版社が出版界の粛正問題に介入し、戦犯七社として講談社、主婦之友社、新潮社、旺文社、第一公論社、山海堂、誠文堂新光社を挙げ、戦争責任追求と糾弾を画策していましたから。

原田　それは僕が入社する四六年前半のことで、僕も十分に承知していた。特に講談社は雑誌と用紙シェアが突出していたし、「雑誌報国」を唱えていたから、戦時中に弾圧された左翼系出版社の糾弾の槍玉に上げられた。GHQも最初は左翼に加勢したので、講談社はスケープゴートのような立場に置かれ、野間社長も辞任するはめになり、社長制はとらず、残った役員による経営のかたちになっていた。

でもそれに抗して、『群像』の創刊、日本出版協会を脱退し、新たな自由出版協会の設立、子会社の世界社・光文社の創立、従業員組合の結成なども進み、講談社も新しい動きに包まれていた。そうした状況の中での入社だったことになる。

――なるほど、戦後の講談社が置かれていた状況もよく認識された上で入社されたわけですね。それは講談社の雑誌や書籍に関する読書体験とか愛着などがあったからですか。

原田　いや、それはほとんどない。『少年倶楽部』の創刊は僕が生まれるほぼ十年前の一九一四（大正三）年で、小学生だった頃に黄金時代を迎えていたから、確かに読んではいた。でもそんなに長い間ではなく、江戸川乱歩だって『白髪鬼』は読んでいるけれど、「少年探偵団」シリーズは読んでいない。すぐに卒業してしまったという記憶が強い。

――今、「卒業」という言葉をお聞きしまして、何か懐かしい思いに捉われます。私たちの世代までは講談社や小学館の学年雑誌や娯楽雑誌をまず読み、それからポプラ社などの児童書を経て、新潮社などの文芸書、岩波書店などの翻訳物へと進んでいくといった読書のプロセスみたいなものがあって、新しい段階に入ると、あれは「卒業」したなどと称していたように思います。

原田　僕からあなたぐらいの世代まではそういう読書体験が続いていたんじゃないかな。今でも覚えているけれど、『少年倶楽部』の場合、発売当日には書店が幟《のぼり》を立てるの。それで学校が終わると、今日は『少年倶楽部』が出る日だといって、みんな走って買いにいった。そういう時代だったが、中流家庭でも気の利いた家では書店から配達されていて、家に帰ったら届いていた。昔だったら立川文庫だとか講談だったが、『少年倶楽部』の「怪傑黒頭巾」や漫画「のらくろ」に夢中になった。ところが少し上になると、博文館の『少年少女譚海』を読んだ。こちらには『次郎長三国志』とかお色気ものとか、当時はちょっとよろしくないようなものがいっぱい載っていたからね。だから小学五、六年生になると、『少年倶楽部』は卒業して、『少年少女譚海』に移った。これはまあ僕の例だけれど。

―― 私も原田さんと同世代の人から同じような話を聞いたことがあります。現物は見ていないのですが、こちらは一九二〇（大正九）年創刊で、多彩な大衆小説を掲載してやはり人気があったことから、敗戦の前年まで出されていますね。

原田 そう、それでいて『少年少女譚海』には付録がついていなかったので、少し安かった。『少年倶楽部』は付録がついて豪華な感じがあったけれど、『少年少女譚海』のほうは知る人ぞ知るというような内容だった。でも両者の部数は比較にならず、『少年倶楽部』は七、八十万部に対して、『少年少女譚海』は十万部そこそこだったでしょう。

―― 小学生時代が『少年倶楽部』と『少年少女譚海』で、次は何を読まれたんでしょうか。

11　岩波文庫と新潮社『世界文学全集』

原田　中学生になると、そういうものはまったく読まなくなり、岩波文庫とか新潮社の『世界文学全集』などです。『世界文学全集』は買ったわけではなく、同級生の家などにあったことから、貸し借りして読んでいた。別に金持ちでなくても、山の手の普通の中流家庭にはそういうものがあった。下町のほうはわかりませんが。

——原田さんは一九二四（大正十三）年のお生まれだから、ほぼ円本時代と岩波文庫創刊とともに歩んでこられたことになりますね。

原田　もし明治の生まれであれば、読者環境はまったくちがっていたし、編集者ではなく、異なる人生を送っていたかもしれない。『世界文学全集』で『デカメロン』を読んだりしたのはもう七十年以上前のことになるけれど、今でもよく覚えている。

——あの森田草平訳のものですね。あの巻は古本屋でもあまり見かけませんので、本当によく読まれた一巻だったんじゃないでしょうか。

原田　僕みたいな読者が多くいたんだろうね。それこそ『少年少女譚海』と共通しているが、『世界文学全集』などの中にそういうエロチックなものがあって、秘かに娯楽として読み継がれていくということもひとつの読書傾向だった。中学生の頃、そういうものをこっそり読むことはたまらなく面白かった。

――岩波文庫ではどんなものを読まれていたのですか。

原田　やはり日本と世界の文学物で、当時ははっきりした区別があって、純文学があり、その下に大衆小説、その中にも現代小説、時代小説、探偵小説があるという感じだった。僕なども江戸川乱歩という名前ぐらいは知っていても、探偵小説そのものに関しては自分らとはまったく関係のない別世界の読物のように感じていた。

――それでは『新青年』などはまったく読んでいない。

原田　そういうことで、探偵小説に関してもそうですが、講談社の雑誌に書いている所謂大衆小説作家の名も知らないわけですよ。今とちがって、当時の学生は誰も大衆小説を読んでいなかった。あながち大衆小説が面白くないからというわけではなく、中学生になればもう〝インテリ〟の仲間入りをするのだから、もう〝通俗〟と見られるものなど読むべきではない、といった固定観念に縛られていたのですね。戦前の日本には何にでもレッテルを貼って価値判断するというバカな習慣が固定してましたからね。世界に冠たる文部省教育の大きな落し穴に国民の多くが気付かなかったのですね。僕ら戦中派にはそれがアメリカに敗けた原因の一つだったという実感がありますね。

――なるほど。そこまでの固定観念は持っていないにしても、先ほどの「卒業」に関しては、私たちの世代まで続いていた傾向ですね。詩と純文学が上で、大衆小説は文学扱いされず、時代小説や推理小説やＳＦ小説も同様で、サブカルチャーと見なされていた。だから現在のミステリーや時代小説の全盛を見ると隔世の感がします。

原田　それはあなたたちの世代までは僕らと同じような出版環境にあったことが大きく作用している。日本文学全集も世界文学全集も出ていて、それらを読み、所謂「文学」に対するいいイメージを持っていたし、そう思って読んでいた。ところがかつてない高学歴化が進む一方で、文学全集がなくなってしまう文化状況になり、読者層というものが劇的に変化したと思います。

12　『キング』編集者としての始まり

――出版と文化インフラがドラスチックに変わってしまった。そうしてかつてのサブ

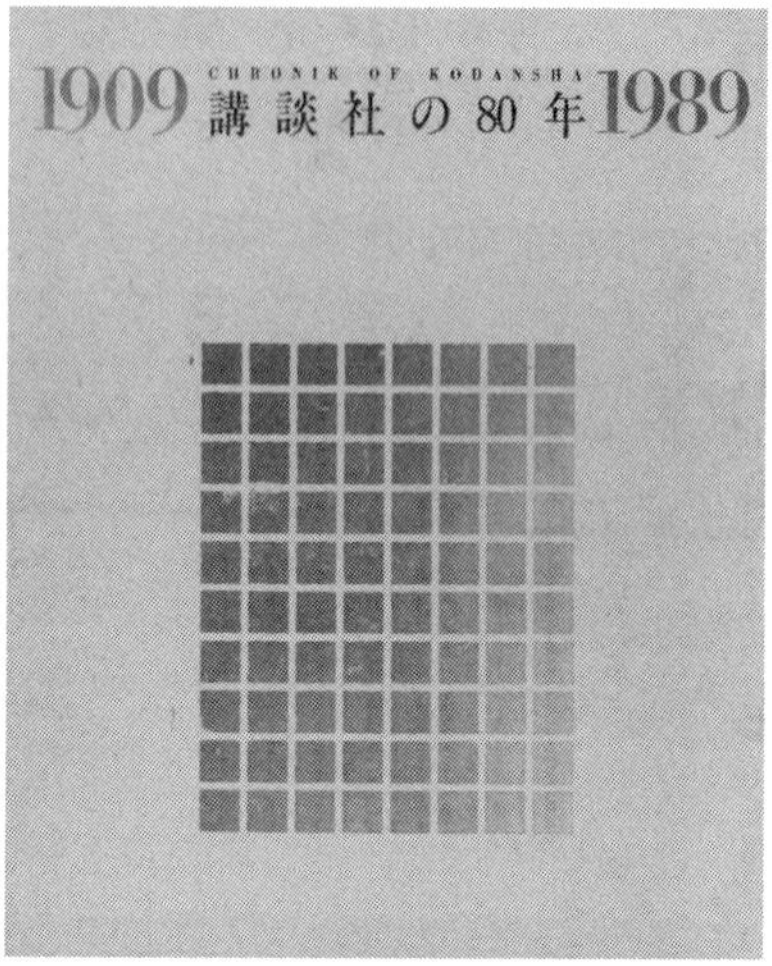

カルチャー的なものが急速にせり上がってきた。

原田さんは長年にわたってそうした出版と読者層の変化を見続けてきたことになりますが、編集者としてはどこから始められたのですか。

原田　最初は『キング』です。この『キング』はご存知のように講談社の戦前の看板雑誌でしたが、戦時中は『富士』と改題していた。それで一九四六年に元の『キング』へと戻したわけだが、用紙不足で割当が「雑誌A5判64ページ」と決められていたし、それすらも確保できず、合併号になったこともあった。

――『クロニック講談社の80年』に『キング』の四七年五・六月号の表紙が掲載されていますが、この号でしょうか。

原田　そう、これですね。表紙に記憶があるし、合併号にしても五万部しか刷れなくて、部数にしてもページ数にしても、戦前の栄光の面影はなきに等しかった。それでもまだ読者は活字に飢えていたし、出せば売れたから、あっという間に売り切れてしまいましたね。

そんな中で当時の星野哲次編集長から原田君は誰を担当したいのかと聞かれた。それで僕は吉川英治くらいしか知らないので、その名前を挙げたのです。そうしたらみんなに笑われた。それは駄目だよというわけです。どうして駄目なのか聞くと、吉川さんは大事な作家だから、新入社員をすぐに担当にはできないといわれた。そこでそうか、吉川英治というのはただ『宮本武蔵』や『三国志』の作家だと考えていたけど、大衆小説の世界ではそんなに偉い人だったのかと初めて思い知らされた。

そこで山岡荘八、大林清、村上元三などの業界で長谷川伸一門と呼ばれる中堅実力作家たちを中心にかなり多くを担当することになった。ところが長年の戦争続きで文学賞も途絶え、新人は出ていないから、誰も彼もかなり年上の先生だから、対等に話せる同世代の作家がいなくて淋しい思いをしました。それでやっと三島由紀夫、安部公房、山田風太郎、高木彬光ら戦中派が登場した時には嬉しくて、真っ先に頼みにいきましたよ。これは僕が勝手にそう思っただけかもしれませんが、大衆雑誌『キング』の執筆依頼なのに、三島や安部もとても喜んでくれましたよ。

その勢いで若手作家以外にも坂口安吾、若杉慧、さらに佐藤春夫、志賀直哉といった大家にも依頼して回った。その中でも若杉さんは『朝日新聞』の連載を断り、『キング』に書いてくれた。それは新人の暴走だともいわれたけれど、僕としては純文学、中間小説、大衆小説の境界を取り除きたいという意志も含まれていた。

——『クロニック講談社の80年』の『キング』合併号の表紙が掲載されている前ページに、『群像』の四七年三月号の田村泰次郎『肉体の門』が大評判になり、演劇、映画化もされたとありますが、それも刺激になりましたか。

原田　田村泰次郎には戦場帰りの文学者として共感は持ち、それなりに刺激を受けましたが、年は一回り上だったから、同世代による文学とは思えなかった。最も共感を覚えたのは三島由紀夫の出現ですね。「岬にての物語」が『群像』に載ったのは四六年十一月号だった。

13　三島由紀夫との出会い

——ということは原田さんが講談社に入ったばかりで、『キング』へ配属された頃とまったく重なっている。

原田　そうなんだ。この短編を読んで驚き、嬉しくなってすぐに会いにいったんだよ。三島は僕よりひとつ年下だったけど、同世代の人間が作家となって出てきたことに感激した。ずっと戦時下にあっても、文学に対する情熱が持続していたこともわかったし、これは同じ頃に生まれ育った我々の仲間だと思った。

それで会いにいって話をしていると、共通の話題は戦前の岩波文庫で、そこに収録されていた海外物、つまり外国文学の話になった。生まれも育ちも大学もちがうけど、そういうことだけは共通していたから。

――岩波書店は『世界文学全集』に類するものを出していませんが、その代わりを戦前の岩波文庫の外国文学が果たしていたと思います。ラインナップも特色があり、幻想文学的なものも多く収録され、ジョイスの『ユリシーズ』も入っていた。

原田　そういう個々の作品について、三島はやたらに詳しかった。ストーリーにも登場人物にも通暁していて、僕などは読んでいてもとっくに忘れていることを次々に話に出してくる。長編ばかりでなく、短編のこともよく覚えていて、あの短編集ではあれが一番面白かったというわけですよ。それでこちらは相槌を打つしかない感じになってくる。

話をしているうちに、この人は同世代であってもまったくちがうし、初めて会うタイプの人で、僕は負けたと思った。僕の経験からして、どんな小説好きでも、細かいところは忘れていて、あれは面白かったねで終わってしまうのが常だった。ところが三島の場合、読んだ直後ならまだしも、中高生の頃に読んだものをあたかも読んだばかりのように語るわけだから、これまでそんな人は僕の周りにいなかった。だから余計に驚いてしまいましたね。

――原稿も頼んだのですよね。

原田 その時、僕は『キング』にいたけれど、ほどなく『講談倶楽部』に移っていたし、『キング』や『講談倶楽部』に小説を書いてもらうわけにはいかないので、エッセイを頼むか、話を聞くだけのつもりで会いにいった。

でもそれが実現したのは出版局文芸課で、一九五五年に「ミリオン・ブックス」を創刊した時に、三島さんに書き下ろし小説を頼んだ。でも小説はそんなにすぐには書けないということで、エッセイ集『小説家の休暇』を書いてくれた。昔の思い出話が多く、それなりに面白かったから、三島の名前でよく売れ、損はしなかったという記憶がある。

14　山田風太郎のこと

――山田風太郎と知り合ったのもその頃ですか。

原田　彼は一九四七年に「達磨峠の事件」で、『宝石』の第一回短編懸賞に入選しているけれど、その時には読んでいなかった。四八年に処女短編集『眼中の悪魔』（岩谷書店）が出て、これで読んだわけです。彼は二つ上だが、やはり同世代だし、それですごいと思い、すぐに会いにいった。すると山田風太郎から初めてプロの編集者がきたといわれた。

――当時すでに『キング』から『講談倶楽部』に移っていたわけですね。

原田　移っていたかどうかよく覚えていないが、『眼中の悪魔』が出た年か、もしくはその翌年に『講談倶楽部』へ移っていることは確かです。

――『山田風太郎の世界』（「別冊新評」）所収の中島河太郎編「山田風太郎年譜・作品目録」を見ますと、山田は『講談倶楽部』四九年九月号に「チンプン館の殺人」、同じく五一年二月号に「黒衣の聖母」、同年十月号から翌年三月号にかけて高木彬光との合作「悪霊の群」を連載し、それ以後は常連作家のように『講談倶楽部』に書いています。

原田　そこら辺の原稿は僕がもらってきたものじゃないかな。高木彬光との合作も三人で考えた。アイデアは高木、文章は山田の組み合わせで合作して、エラリー・クイーンよりも面白いものをという意気込みだったが、そうはうまくいかず、合作の難しさがよくわかった。今は出版芸術社で出させてもらっているから、悪くはいえないけれど、もっと傑作を期待していたのにね。

――　そうですね、確かにあまり面白くない。

原田　アハハ、あんまりはっきりいわないでよ。

――　ところで高木とはどういったことから面識を得たのですか。

原田　これも『宝石』絡みで、四八年に江戸川乱歩さんの序文つきで『刺青殺人事件』（岩谷書店）が出た。これはとんでもない新人がいたものだとびっくりして、早速下北沢の高木さんのところへ飛んでいった。そうしたら同じ講談社の斎藤稔君がすでに来たということで、僕は二番手だった。

それはそうとインタビューのための資料を探していたら、乱歩さん（左）と水谷準が江戸川乱歩賞の構想を語り合っている写真（上）と、高木さん（右）と山田さんが合作の相談している写真（下）が出てきた。この場所は前者が講談社別館、後者が高木邸です。

――これは貴重な写真ですので、ぜひ掲載させて下さい。さて講談社に入った時、大衆小説や探偵小説の書き手にはまったく不案内だったと語っておられましたが、いつの間にか詳しくなり、積極的に作家開拓にも励むようになったことがわかります。そこら辺のきっかけ、もしくはターニングポイントなどがあったんでしょうか。

15　坂口安吾と探偵小説

原田　それは坂口安吾さんとの出会いです。戦後間もなく出版された『堕落論』は若者たちの共感を呼び、すごい人気で安吾さんを流行作家に押し上げた。僕もまた例外ではなく、安吾の魅力に取りつかれたようになり、蒲田の安吾邸へ日参した。あまりの来客の多さに、玄関扉に「水曜以外面会お断わり」の紙が貼り出される始末で我々若い連中はみんなが安吾ファンといっていいほどだった。それで原稿を頼みにいったら、和田芳恵が編集していた中間小説誌の走りとでもいうべき『日本小説』に、彼自身も『不連続殺人事件』を連載していたので、探偵小説について手ほどきしてくれ、ヴァン・ダインの『僧正殺人事件』なんかを読めといって貸してくれた。それで今まで読みもしないで軽視していた探偵小説の面白さに目覚めたことになる。

―― これは「出版人に聞く」シリーズ13の『倶楽部雑誌探究』の資料として使い、言及した『講談倶楽部』の四九年八月号から、安吾の「現代忍術伝」連載が始まっている。この時期に安吾は『講談倶楽部』にかなり寄稿しているようですが、これは全部原田さんが担当していたんですね。

原田　もちろん以前に安吾は『講談倶楽部』には書いていないから、僕が頼みにいったことがきっかけで、連載などもしてくれるようになった。

―― でも同じ戦後の売れっ子作家でも、坂口のほうはファルスや探偵小説を『講談倶楽部』などに書き、太宰治は『群像』に「男女同権」や「トカトントン」を寄せ、同時代でも好対照のような雑誌選択に見えます。それはいってみれば、編集者を引き寄せる坂口と太宰の魅力の相違、あるいは原田さんの編集者としての資質を彷彿とさせるような気もします。

原田　そこまで深く考えたことはないけれど、その時代における編集者の嗅覚と選択は否応なく作用しているでしょうね。

16 『樹のごときもの歩く』について

―― 三島、坂口、山田といった作家の組み合わせにそれを感じます。ところでもうひとつ教えて頂けませんか。坂口が『不連続殺人事件』に続いて一九四九年八月から連載が始まった長編探偵小説『復員殺人事件』が掲載誌『座談』の廃刊によって中絶してしまった。それから、八年後に江戸川乱歩の要請で『宝石』五七年十二月号から高木彬光によって、『樹のごときもの歩く』として書き継がれ、完成されるわけですが、この企画に原田さんは関わっているのですか。

原田 この企画の事情はどうだったのかな。僕も詳しいことは知りません。乱歩さんは五七年から『宝石』の編集を引き受けていたので、その目玉として高木にもちかけ、それで続編として『樹のごときもの歩く』が書かれ、完成のかたちに至ったということは聞いていますけど。

―― 乱歩の『探偵小説四十年』には自分が安吾に推理小説を書くように勧めたところ、それが『不連続殺人事件』となって実現したとの証言がありますが、『復員殺人事件』

と『樹のごときもの歩く』には言及がなかったので、ずっと気になっていました。

　実は中学生の頃、高木彬光の『刺青殺人事件』などの神津恭介シリーズを読み始め、高木の名前も記されていたので、『樹のごときもの歩く』を読んだ。すると探偵が巨勢博士で、あらためてこれが安吾との合作であることを知った。それとこの「マルコ伝」からとられた「樹のごときもの歩く」というタイトルに引きつけられたのも読んだ理由です。これはイエスが盲人の手をとり、村の外に連れていき、目に唾し、手を当て、「何か見ゆるか」と問うたところ、「人を見る、それは樹の如き物の歩くが見ゆ」と答えた箇所を出典としていて、私的事情もあり、読まなければと思ったからです。

原田　確かに同じ合作でも、『悪霊の群』より『樹のごときもの歩く』のほうがずっとイメージの喚起力がある。これは五八年に東京創元社から合作単行本として出されたはずだから、あなたが読んだのはそれだと思いますよ。その事実からすると、東京創元社の編集者が合作企画に関係していたとも考えられる。それから七〇年代後半には角川文庫に『復員殺人事件』として収録されてもいる。

――『樹のごときもの歩く』も魅力的なタイトルでしたが、『復員殺人事件』というのも戦後の時代状況を象徴しているようで、ミステリーが必然的に同時代の社会を反映し、描いてしまうことを告げているようです。ただ文庫版では「マルコ伝」のエピグラフが削除されているのが残念です。

原田　高木さんの神津恭介シリーズのことで補足しておくと、僕の依頼で『神津恭介への挑戦』『神津恭介の復活』『神津恭介の予言』の香織三部作が書かれ、出版芸術社から刊行に至っています。（現在光文社文庫）

第Ⅱ部

17 『講談倶楽部』から『小説現代』へ

原田 第Ⅰ部からの続きだけれど、現代を描くというアクチュアリティとのつながりの問題が戦後の『講談倶楽部』と大いに関係がある。やっぱり時代にそぐわない感じが否めないし、内部にいても具合があまりよくないと感じられた。一九四六年に一度廃刊し、四九年に復刊して六二年まで続くわけだけど、『小説新潮』や『オール読物』などの中間小説誌に追い抜かれてしまった。実際に編集に携わっていても、『講談倶楽部』というタイトルが古く、それは『キング』も同様で、もっと時代の変化に合わせるべきだと切実に思っていた。

――詳細に比較検討したわけではないのですが、表紙にしても作家にしても内容にしても、戦前の『講談倶楽部』のイメージを引きずっているようで、時代のアクチュアリティは『小説新潮』や『オール読物』に軍配を上げてしまいます。

原田 『小説新潮』は舟橋聖一の『雪夫人絵図』、石坂洋次郎の『石中先生行状記』を始めとする話題作、『オール読物』は直木賞受賞作の掲載と「オール新人杯」を設けての新人の発掘といった企画があったけれど、『講談倶楽部』は山手樹一郎と源氏鶏太を売り出したぐらいで、見るべきものはあまりなかった。

それで打開策として、『講談倶楽部』もこれらの二誌に負けないように、中間小説をどんどん載せた。昔の『講談倶楽部』と縁が深かった作家を全部シャットアウトしてしまい、編集者の誰もが原稿を頼みにいかなくなってしまった。講談社が方針としてそうしたことを決めたのではなく、編集者としては売れる作家に頼もうとしているうちにそうなってしまった。だから編集会議でも戦前の大衆小説家の大半の名前が出てこないし、一言もふれない。そんな過渡期の頃に僕は『講談倶楽部』にいたことになる。

――そこら辺の過渡期の事情は原田さんの後輩に当たる大村彦次郎が「日本大衆文壇史」とでもいえる四部作『文壇うたかた物語』『文壇栄華物語』『文壇挽歌物語』『時代小説盛衰史』（いずれも筑摩書房）にも書いていますが、いささか物足りない。やはり中間小説とその時代に比重が置かれているからでしょう。

原田　彼が入社したのは確か五九年で、講談社は創業五十周年ということで、あなたも参照されている初めての社史『講談社の歩んだ五十年』が出され、『週刊現代』と『週刊少年マガジン』も創刊され、新しい雑誌時代へと向かおうとしつつあった年だった。それから六二年になって、『小説現代』と『週刊少女フレンド』が創刊され、その一方で『講談倶楽部』『少年クラブ』『少女クラブ』が廃刊となる。明治大正創刊の雑誌が消えていくわけです。とりわけ『講談倶楽部』は五十一年の歴史に終止符が打たれた。

――それこそ六十年前後に講談社の「倶楽部」に象徴される「近代」が終わり、『週刊現代』や『小説現代』に見られる「現代」が始まったことになりますか。

原田 まさにそのとおりですね。五八年には大日本雄弁会講談社から講談社へと社名も変えている。大村君は中間小説の時代を迎えていた頃に新入社員となり、初代編集長三木章君に続いて二代目となり、『小説現代』を『オール読物』や『小説新潮』とともに中間小説誌の御三家と呼ばれるまでにした立役者です。

――私たちの世代にとっても、『小説現代』は『講談倶楽部』と異なり、とても親近感のある雑誌で、七〇年前後に五木寛之が「さらばモスクワ愚連隊」で「小説現代新人賞」をとったり、笹沢左保が「木枯し紋次郎」シリーズを連載していたことを思い出します。

原田 その当時は御三家の中で最も発行部数が多かったんじゃないかな。大村君はその『小説現代』の編集一本できたといっていい。だから、作家と中間小説誌の舞台裏によく通じているし、おまけに緻密に調べてもいるので、本当に労作に仕上がっている。最初は自分がよく知っている中間小説のことから始めて時代小説に至るまでね。でも僕より十年以上後の入社だから、その間の『講談倶楽部』絡みのことはどうしても手薄になってしまうのは仕方がない。

18 『キング』最後の編集長

――『キング』の廃刊も一九五七年で、原田さんはその最後の編集長も務められたと聞いていますが。

原田 雑誌というのは何年か続けているうちに、いつしかその雑誌特有の匂いというか人格のようなものができてしまうのだと思います。『キング』も戦前には日本で唯一の百万部を越えた講談社の看板雑誌であり続けていたが、敗戦後は過去の栄光が大きかっただけに凋落も激しく、右翼的な戦犯雑誌であったかのようなイメージを持つ人さえ現われるような状況にまで落ち込んでしまっていた。最後の編集長を務め、やはり雑誌には寿命があると実感した。

――売れなくなってしまったに関連してですが、講談社が経営危機に陥ったこともありますね。

原田　それは五四年頃で、経営危機が深刻化し、資金繰りも苦しくなり、原稿料の支払いも遅れがちな事態になった。吉川英治に百万円払うと他の人たちに払えなくなってしまうから、来月回しにしてもらうとか、同じく大口払いの石坂洋次郎にも待ってもらうとか、本当に大変だった。経理の人たちも大変だったけれど、僕たち編集者も原稿料支払いの延期を頼んだりした。それで講談社危機の噂が外部にも流れるようになり、不渡手形を出した、社屋が二番抵当に入ったなどとのデマも飛ぶようになった。

それに応じて、「社長白書」が出され、合理化と節約、雑誌の販売促進、書籍在庫の売上増強が提案され、これらがスムースに実行されたことで何とか危機を乗り越え、『ぼくら』『なかよし』や学年誌などの新雑誌創刊へとつながっていった。

19　『日本』創刊編集長

――そんな中で原田さんは『キング』の代わりに創刊された『日本』の編集長になる

わけですね。

原田　この『日本』創刊については『講談社の歩んだ五十年　昭和編』の「昭和三十三（一九五八）年」のところで、かなり詳しくレポートされていて、確か僕の証言も掲載されていたんじゃないかな。

――　ええ、確かに出てきます。これは『キング』終刊と『日本』創刊に関する重要な証言なので、ぜひ引いておきたいのですが、その前に『日本』の創刊事情を聞かせて下さい。五八年創刊で六六年まで出されていたにもかかわらず、ほとんど言及されないし、戦後雑誌史においても、あまり記憶にも残っていないように思われるからです。

原田　『日本』は講談社創業五十周年に向けての前夜祭プロジェクトのような企画で、『キング』に代わる「大衆的総合雑誌」をめざしたものだった。野間省一社長自らの提案でもあったし、色々と討議が重ねられ、「新しい日本の国民雑誌」としてのコンセプトが出されていったわけです。

それらは新時代の国民のニーズに応える、読者は二、三十代を中心とする、具体的、日常的テーマと表現、グラビア重視と本文においても視覚的構成、第一級の小説にページを割き、記事は現代人に魅力ある話題と新しい問題を提供し、コラムも充実させるというものでした。

――戦後版『キング』といったコンセプトですね。

原田　そのとおりですね。だから僕がいうのも何ですが、社内選り抜きの新雑誌編集部員を任命、第一編集局所属の各雑誌編集長を顧問に、第一編集局長を総編集長に、編集会議には社長以下関係役員全員出席というものものしさでした。

――ところでこのタイトルは今から見てシンプルすぎるというか、あるいは逆に大仰というか、そんな印象を受けますが、どのようにして決まったのですか。

原田　これは創刊の宣伝も兼ねての公募したのです。新発売の国産乗用車トヨペット・クラウンが当たるという懸賞葉書によるもので、四十万通以上が集まり、そこに記されたタイトルは二万くらいあった。圧倒的に多かったのが「日本」「新日本」「日本人」で、次に「新時代」「新世紀」「希望」だった。「日本」を冠したタイトルを送ってきたのが若い年齢層だともわかり、編集のコンセプトともつながり、それで『日本』に決まった。しかし誤解ですが、講談社は右翼的と思われていたことから、『日本』というタイトルはきっと選ばれ易いと見なした応募者の思惑が大きく作用したと推察されます。

そのタイトル決定とパラレルに、『日本』創刊のために社長自らが作家や画家を訪問し、連載小説や表紙の依頼、創刊キャンペーンとしての自動車による日本縦断旅行が企てられた。そのために入広告も予想外に入り、またこちらも創刊号広告として全国紙には一ページを打ち、一九五七年十一月に発売された。B5判三百余ページのグラビア、記事、小説の三本立てで、表紙は梅原龍三郎、連載小説の目玉は吉川英治の『新・水滸伝』、定価は百円、創刊部数は二十八万部だった。

――鳴り物入りの創刊という感じでしたが、ここで『講談社の歩んだ五十年　昭和編』における「原田裕（本社社員）談」を引いておきましょう。

発売日は、はじめ十二月七日の予定だった。それが、最も売り易い時期というので、販売部が中心になって研究した結果、次ぎ次ぎに繰上げ、最終的には十一月二十三日まで早められた。

何しろ「キング」の終刊号と「日本」の創刊号と両方抱えこまされていたので、終いには忙しくて家にも帰れなくなった。近くの旅館の一部屋を借り切って、昼でも夜でも、とにかく体の空いているときには、そこへ行って寝ることにした。眼がさめたら出社、昼夜兼行といった毎日が続いた。おまけに「キング」の最終号には特別付録をつけ、本誌にも力を入れた。だから同時に二雑誌の編集で、ずいぶん忙しかった。

五七年十二月号の『キング』の終刊と五八年一月号の『日本』の創刊の二誌の編集長ですから、「ずいぶん忙しかった」どころではないスケジュールと強行日程だったと思います。

原田 終刊号と創刊号の編集長を兼ねるというのは前代未聞でしょうね。

―― それに『キング』の付録というのは『クロニック講談社の80年』にも掲載されていますが、その歴史をたどる意味も含めた「昭和人物史」で、評判もよかったようですね。

ところがそれに比べて『日本』の場合はなかなか厳しいものがあったようですが。

原田 月刊の国民雑誌、大衆的総合雑誌というアイテムは難しく、少し前に創刊された筑摩書房の『太陽』も廃刊に追いやられていたし、時代のスピードは加速し、週刊誌の時代を迎えつつあったので、部数は伸びず、低迷してしまった。五九年には『週刊現代』が創刊され、こちらの部数は三十六万部だったから、推して知るべしでしょう。それで低空飛行を長い間続け、六六年七月号で休刊し、代わりの総合誌として『現代』六七年一月創刊号へと引き継がれていくわけです。

――そうか、『現代』は『日本』の後身だったわけですね。

原田 それで、僕のほうも『日本』の売上不振もあって、第一編集局長との関係が悪くなり、編集長を辞めることになる。

20 山岡荘八『徳川家康』

――でもその講談社の危機、『キング』の終刊、『日本』の廃刊の前後に、原田さんはベストセラーを出し、大いに講談社に貢献している。

原田 それは『徳川家康』のことですか。

――ええ、そうです。

原田 僕は前に話したように『キング』から『講談倶楽部』へ、それから出版局文芸課長に登用されたのが一九五三年で、文芸編集者としての起点がその年ですね。

――その前にこれからのこともありますので、講談社の機構についての説明をはさんでもかまいませんか。ちょうど『講談社七十年史年表』に三十年以上にわたる「機構の変

遷」が収録されていますので。五三年のところを見ますと、大体編集局が雑誌の各編集部からなり、出版局は書籍で学芸、文芸、児童、絵本課に分かれ、それから教科書局があり、五三年時点では編集関連として三つの局を有していたことになります。もちろん年度によって異なるのですが、原田さんの場合、まず編集局に配置され、雑誌編集に六年ほど携わった後、今度は出版局に移り、書籍編集に関わることになった。講談社の機構と原田さんの編集者としての異動はこれでよろしいでしょうか。

原田　そのとおりです。よく調べてくれて助かりますよ。僕も昔のことだから「局」と「部」と「課」を混同していることもよくありますので。

それで最初に戻ると、編集局から出版局に移るわけですが、そうしたらすぐに山岡荘八さんから、ぜひ頼みたいことがあるといってきた。前にもいったと思うけど、僕は『講談倶楽部』時代に先生にはさんざんお世話になった。僕が接待するどころか、いつも逆に御馳走になるばかりだったのですよ。まだ食べ物に不自由していた時代だったので、とても有難かった。といって山岡さんはまだそんなに売れている作家ではなかった。

――山岡荘八も倶楽部雑誌の作家の色彩が強く、戦前には自ら創刊した『大衆倶楽部』(万里閣)の編集長も務め、その後『講談倶楽部』や『キング』にも書き、長谷川伸の新鷹会にも属していましたからね。

原田　しかしまだ大家扱いはされていなかった。あの頃は原稿をもらってくると、編集部全員で読み、それぞれ無記名で感想を書く。それで評判が悪いと書き直しを頼むか、お返しすることになってしまう。それが一番多かったのが山岡さんで、ともすると小説が本筋から脱線してしまい、作中人物が関係のないお説教をぶったりする場面が挿入されたりするわけです。常日頃の政治や社会や風俗に対する不満を登場人物に語らせてしまう。少し右よりの熱血漢山岡荘八の止むに止まれる直情なのはよくわかるが、それも出過ぎると小説としてはね……。

その山岡さんが五〇年から地方紙三社連合の『北海道新聞』『中日新聞』『西日本新聞』に『徳川家康』の連載を始めていた。三年近く連載しているけれど、評判がいいので、もっと続けてくれといわれている。そこで今までの連載分を本にしてくれないかと頼まれたわけです。でもその頃、家康というのはまったく人気がなく、狸親父という仇名で呼ばれているように、煮ても焼いても食えない人物の代名詞みたいな存在だった。

――大映や東映の時代劇でもそんなイメージがありましたね。

原田　そうなんだ、家康に比べて豊臣秀吉のほうが人気があるから売れるし、忠臣蔵でいえば、大石内蔵助は当たる。ところが家康は敵役の吉良上野介に相当するから売れるわけがない。

でも山岡さんは家康資料を手に入る限り集め、蔵が埋まるほどの量を読み、研究して書いた。だからぜひ読んでみてくれという。それで風呂敷に包んだ三年分近い新聞連載の切り抜きをわたされた。どうやって断わろうかと考えながら会社に戻って、とにかく切り抜きを読み始めた。返す口実を見つけるために。ところが予想に反して意外と面白い。もう少し、もう少しと家にも帰らず読み続けて、残りも少なくなってきたなと思って窓の外を見たら、音羽の杜の木が見え、もう朝になっていたことに気づいた。まだ夜だとばかり思っていた。そのくらい夢中になって読んでいたわけで、これはすごい、何とか出さなければと決意した。

しかしコピーもない時代だし、ゲラになっているわけでもないので、まず読んでみてくれと企画会議出席者に根回しすることもできない。どんなに熱弁をふるっても、とうてい皆を説得する自信はないまま、会議の日を迎えた。それでもいつも人の悪口ばかりいっている原田がそこまでほめるのだから、少しは聞いてやるかという感じで、没にはならずに済んだ。

21 『徳川家康』刊行事情

――原田さんの若き日の写真が掲載されている『講談社七十年史 戦後編』によれば、『徳川家康』刊行事情は次のように述べられています。

山岡は（中略）未だ作家としての地位はそれほど高くなかった。
そのため、「徳川家康」が企画会議に提出されても、出版が承認されるには相当の困難が予想された。だいたい、講談社に持ちこまれた経緯も今でははっきりしない。はっきりしているのは当時の文芸課長原田裕が企画会議で出版の承認を得て、迹見富雄が担当になったことぐらいであろうか。

原田　迹見君は一九五〇年入社の後輩だけれど、この企画会議の後の話があるんだな。承認はされたけれど、そこに書かれているように山岡さんの作家としての地位がまだ高くないという事情もあって、これはよほど宣伝しないと売れないと思われた。

そこで山岡さんのところにいって、何とか出せそうだけど、印税の金額を払うこともできないかもしれないと伝えた。すると彼は印税なんかいらない、出してくれればいいという。そういうことではないんだ、実は印税の一部を宣伝に使いたい。普通なら定価を二五〇円にするが、それを二七〇円にして、山岡さんの印税は二三〇円で計算させてもらう。それで浮いた四〇円分を宣伝費に回したいと。

——つまり定価は上げ、印税は値切ったということですね。

原田　そういうこと、十％のところを八％にしてもらったという感じです。それで最初から『徳川家康』だけで半五段の新聞広告を打った。五三年十一月に一気に第三巻まで出したからです。

——初版部数はどのぐらいだったのですか。

原田　確か第一巻八千、二巻が七千、三巻が六千部で、十二月になって四、五巻が出て、これらも六千部じゃなかったかな。

五巻までは僕がもらってきた連載の切り抜き分で、それからも連載は六七年まで続き、単行本のほうは全二十六巻で完結することになる。

――最終巻の発売も六七年ですから、何と十四年かけて完結の運びになった。

原田　初版部数は巻を追うごとに増え、五八年に出された第十二巻は一万五千部で、十七巻くらいまではそんな部数だったし、総発行部数は四十万部を超えたところだった。

――典型的なロングセラー化で、出版社にとってもシリーズ物ですから、とても有難い。

原田　まさにそうで、六二年の第十八巻も初版は二万四千部だった。ところが『週刊文春』（三月二十六日号）に「経営者はクビを切らなくなった―社長さんの虎の巻は、いまや『徳川家康』だ」という特集が組まれ、これがきっかけとなって、『徳川家康』ブームに火がついた。それで十一月発売の第十九巻は初版八万部、総発行部数は二百五十万部を超えた。

――わずか三年ほどで総発行部数は六倍強ですから、大変なブームとベストセラー化だったことになりますね。

原田　今思えば、この時代のブームと勢いというのも一種独特なもので、まったく衰えることなく続き、六五年には一千万部、六七年の全二十六巻完結の際には千五百万部、八〇年代までに文庫版まで合わせて四千万部を突破した。

――六〇年代のブームの記憶はありませんが、八二年には『徳川家康』がＮＨＫの大河ドラマとなり、横山光輝のコミック版まで出て、またしてもブームになっていたことはよく覚えています。

でもこうしてあらためて原田さんから『徳川家康』の出版に至る事情をうかがってみると、もし原田さんや講談社が刊行を断わっていれば、『徳川家康』という大作ですらも、ブームもベストセラー化も起きなかったとはいわないにしても、まったく異なる出版環境に置かれていたことは確かでしょうし、どうなっていたのかわからない。『徳川家康』の出版事情は作家、作品、編集者の出会いと関係をベースにして、それが読者と社会とメディアが結びつき、ベストセラーになっていくという高度成長期の出版のひとつのドラマのように思われてなりません。

原田　その最初のお手伝いをしたということだけでも編集者冥利に尽きるし、自分でも少しばかり山岡さんと講談社に貢献したといっても許してもらえるでしょう。

それから迹見君のことで付け加えておくと、中井英夫（塔晶夫）の『虚無への供物』の後半は彼の励ましがあって完成に至り、六四年に出版されている。

22 角田喜久雄と将棋

――それは知りませんでした。ところでこの際ですからお聞きしたいのですが、原田さんは角田喜久雄とも親しかったと仄聞しております。私は不勉強で『徳川家康』は読んでいないのですが、少年時代には角田の時代小説を愛読していて、それこそ講談社の『角田喜久雄全集』も持っています。

原田　あの一九七〇年頃出た十三巻本ですね。

――それで『講談倶楽部』の戦前の編集長萱原宏一も「月報」に書いているので、原田さんの寄稿もあるかと探しましたが、残念ながらなかった。

原田　僕はタッチしていませんが、同じ頃出た『角田喜久雄全集』と『山田風太郎全集』は『講談倶楽部』の講談社が手がけるべきよい企画だったと思いますよ。

山田さんとも親しかったけれど、『講談倶楽部』の角田さんの担当は僕でよく通《かよ》ったも

のです。今からは想像できないけれど、角田さんは当代の人気作家で、原稿料が一番高かった。四百字一枚で二千円ぐらいだったんじゃないかな。

――それはすごい。

原田　僕の給料よりも高い。それにはわけがあって、本人は探偵小説を書きたいのに、こちらは時代小説を頼んでいる。だから無理に書かせているという事情も絡んでいた。

――そうか、そういうこともあって、全集の構成が時代小説は十二巻分を占め、一巻だけが探偵小説となっているのですね。

原田　そういうことで、もっと探偵小説を注文していれば、当然のことながら全集の内容も変わっていたはずです。

でもそうした事情もあって、時代小説の原稿をもらうのが大変で、大体月に二十日以上通っていた。毎日のようにいくのだけれど、書けていない。いつも必ず明日書くという。それで次の日にいってみると、もう少し待ってくれ、今日は将棋をやろうという。

――角田は将棋フリークで、全集にも『妖棋伝』『風雲将棋谷』『将棋大名』が入っている。

原田 そうなんだ。角田先生、将棋をやっている場合じゃないでしょうといっても、将棋をやらないと書けないという。自分で盤を出してきて僕の分までサッサ駒を並べ始める。仕方がないから一回だけですよといってやると、さあもう一回ということになる。それが毎月繰り返され、締切の当日にようやく原稿がもらえる。そうして翌月も翌々月も同じで、定期券を買ったほうがいいというくらいだった。

――原田さんは大変だったでしょうが、何ともほほえましい感じがしますし、古きよき時代の作家と編集者の関係を彷彿とさせる。

23「ミリオン・ブックス」と新書ブーム

――そこら辺のエピソードをもう少しうかがいたいと思いますけれど、先に進めなければなりません。『徳川家康』の後、ベストセラーでは山本周五郎の『樅の木は残った』を手がけ、これは映画化もされ、仙台の原田甲斐旧邸周辺は観光地にもなった。それからさらに原田さんは三つの新しい大きな企画に携わっている。それは「ミリオン・ブックス」「ロマン・ブックス」『書下し長篇探偵小説全集』で、いずれも五五年の創刊です。まず「ミリオン・ブックス」からお願いしたいのですが。

原田 まずこれには説明が必要で、一九五四、五年に新書ブームが起きた。最初に中央公論社の新書版の伊藤整『女性に関する十二章』のベストセラー化がきっかけとして、「カッパ・ブックス」が創刊され、同じく伊藤整『文学入門』、中村武志『目白三平』もベストセラーになった。それで二十種以上の新書が創刊された。

――この時代の新書ブームはこの「出版人に聞く」シリーズでいつも参照している『出版データブック1945→96』（出版ニュース社）においても、五五年のトップニュースに「廉価新書判空前の氾濫」として置かれています。現在もまたそれ以上の「廉価新書判空前の氾濫」の時代と考えてもいいでしょうから、ここで引いておいたほうがいいでしょう。

原田　そのほうがいいですね。

――それでは引いてみます。

この氾濫の端緒は、この国の拡大された読者層の経済的事情による購買力の限界と読書の便利さによるであろう。遠くは戦前からの岩波新書にみることができるが、一昨年の伊藤整ブームを拓いた『女性に関する十二章』（中央公論社）の成功におうところが大きい。更に一段と拍車をかけたのは、昨年の、この種のものとしては比較的長期間ベストセラーの第一位であった『はだか随筆』（佐藤弘人著・中央経済社）である。昨年中に出た新刊・重版のB４０判（新書判）をみても、二一、六五三点の総出版点数に対し、新書判二、七三三点を数え、全体の一二・七パーセントで、文庫を含めて総部数の約半数に近い部数と推定される。判型順位も最高のB６、第二位のA５、第三位のA６（文庫判）に次ぐ第四位となり、判型の一部門を形成するにいたっている。

したがって、岩波書店が創設した東西古今の典籍という文庫とは区別した、書きおろしというワク――「新書」という意味からはずれた一判型として今では通用されるにいたっている。

廉価を特色とするこの新書判の流行に、ほとんどといってよいぐらいな出版社が相次いで流行を追っていった年であった。それだけに、購買力に比して生産過剰ともみられ、はては売上げ高の低下をきたすおそれもあり、各出版社ともにその売上維持には格別の努力をはらわざるを得なかった模様である。

さらに付け加えますと、この年のベストセラー十冊のうち五冊が新書で、しかも四冊が「カッパ・ブックス」の望月衛『欲望』、渡辺一夫『うらなり抄』、安田徳太郎『万葉集の謎』、本田顕彰『指導者』だった。

原田　あらためて光文社の神吉晴夫社長の「カッパ・ブックス」に注いだ情熱を思い出すね。彼は戦前に講談社に入社し、戦後になって光文社に移った。それで著者と共同で本をつくるという方法で、編集者が徹底的に手を入れ、宣伝で売る。そうして今日の光文社のベースを築き上げた。その「カッパ・ブックス」の出現を見て、親会社の講談社でも負けないものを出そうじゃないかということになった。それが「ミリオン・ブックス」で、「カッパ・ノベルス」に当たるものが「ロマン・ブックス」なんです。

――ひとつお聞きしますが、当時文庫という選択はなかったんでしょうか。

24 「ミリオン・ブックス」の特色

原田 文庫は新書に比べてリスクが多すぎた。当時は岩波文庫が圧倒的で、新潮文庫、角川文庫と続いていましたが、角川書店は文庫を出したことでものすごく苦しくなってい て、後発で文庫を創刊するのは大変だという認識が共有されていた。岩波文庫のように系統的に組み立てていくようなラインナップが必要だし、もしくは新潮文庫のように文芸書出版の蓄積がないとちょっと無理だとわかっていた。その点新書は単発的にでも売れるものを出せばいいし、売れなくなったら路線を変えればいいと考えていたので、気分的には楽だった。ただ講談社の場合、アカデミズムとの関係は薄いこともあって、それで『群像』との関係から文学者に協力を頼んだ。

――だから一九五〇年五月の創刊が石川達三『悪の愉しさ』、椎名麟三『自由の彼方で』、中野重治『むらぎも』、畔柳二美『姉妹』、佐藤春夫『晶子曼陀羅』となったのですね。

原田　石川さんには書き下ろしの小説を考えていましたが、とても無理な注文ですから、社会評論に変更し、先生と速記者と三人で箱根にいき、口実筆記のかたちをとった。石川さんの話は速記を書き起こすと、そのまま文章になっているので、さすがに超売れっ子だなと感心しました。この時に評論『不安の倫理』もまとめようとしたが、「ミリオン・ブックス」の創刊には間に合わなかった。それで少し後の刊行になったけれど、小ベストセラーになった。

――また部数を聞いて恐縮ですが、「ミリオン・ブックス」はどうだったんでしょうか。

原田　石川さんが二万部、その他は一万部じゃなかったかな。ところが畔柳《くろやなぎ》二美《ふみ》の『姉妹』は毎日出版文化賞を受賞し、五万部ほど売れ、彼女はたちまち有名になってしまった。

――私はこの人の名前を初めて聞きましたが。

原田　彼女は本を出してから何年後かに死んでしまったので、覚えている人も少ないでしょうね。僕は『群像』の初代編集長だった高橋清次さんに連れられ、熱海まで志賀直哉大先生に会いにいったことがあった。その電車の中で、畔柳という女性の小説は面白いから読んでみるといいといわれ、それが掲載されていた『近代文学』をわたされた。読んでみると従来の純文学とは異なる新鮮さがあるので、思っ切って、「ミリオン・ブックス」から出すことに決めた。それで賞もとり、かなり評判になったけれども早逝してしまい、佳人薄命の典型のようで、半世紀を経た今も心が痛みます。

――なるほど、そういう事情があったわけですか。それから前に出てきました三島由紀夫の『小説家の休暇』も「ミリオン・ブックス」で出ましたね。それから私などの印象深いのは武田泰淳の『風媒花』で、これも『群像』に連載されていたこともあって収録された。

原田　そういうことです。でも「ミリオン・ブックス」は『群像』関係の文学作品、エッセイ、評論が入り混じり、そのキャラクターが曖昧になってしまったことは否めない。

結局のところ、六七年までに三百点近い点数を出したが、六四年に「講談社現代新書」が創刊され、新しい教養新書として定着したことと重なり、刊行を中止することになった。
それともうひとつ「ミリオン・ブックス」に関して付け加えておきたいのは判型や装丁に講談社独自の新書形式を開発したことですね。

――そういえば、従来の新書よりも判型が大きい。

原田　横幅が八ミリほど広く、それで落ち着いたかたちになり、活字も多く入る利点が加わった。「ミリオン・ブックス」は光沢があって水にも強い装丁にしたいと思い、ビニールクロスの上にグラビア印刷したので、二色しか使えず、多色刷りできなかった。それで「ロマン・ブックス」にはビニールプレス方式の表紙を創案した。これは先に印刷し、その上にビニールの薄い膜を圧着する方法です。後の副社長で、当時の業務課長足沢禎吉さんが編集部の無理な注文を受けて手をつくしたあげく、大森に玩具のビニールを貼る町工場を見つけた。そこに戦時中、海軍が使ったという大きな圧縮ポンプがあって、それでビニールを圧着させ、熱で溶けたビニールがはみ出したところはハサミで切るという手作業だった。
このビニールプレス方式を「ロマン・ブックス」で初めて採用し、業界でも話題になり、強度もあり高級感もあって吾ながらいいと悦に入っていたら、すぐに他社も真似するようになってしまった。出版にビニール貼するのはロマン・ブックスが初めての手法でしたが、新発見という工法ではなかったせいか、特許はとれず、残念な思いがあります。

25 「ロマン・ブックス」創刊

―― 企画ばかりか、装丁もまた柳の下にはというわけですね。その「ロマン・ブックス」が「ミリオン・ブックス」に続く講談社の第二の新書版として、続けて七月に創刊された。

原田 少し補足しますと、講談社は三月に初めての新書版美術書「アート・ブックス」も創刊している。これには僕は関係していませんが、実際には一九五〇年に三種類の新書判が創刊されたことになり、これを「ブックス・トリオ」と読んだりもしていた。

―― それは知りませんでした。でも「アート・ブックス」は古本屋でも見ていないような気がします。

原田 「アート・ブックス」は定価も手頃で、美術関係本として部数も少なくはなかったはずですが、「ミリオン・ブックス」や「ロマン・ブックス」に比べ、ポピュラーな新書ではなかったから、知らなくても仕方がないですよ。

――ところで「ロマン・ブックス」のほうも原田さんが企画したものですね。よろしければ、先に第一回配本分を挙げて頂けませんか。そのほうが「ロマン・ブックス」のイメージがダイレクトに伝わると思いますから。

原田 この際だから第一回配本と第二回配本分を示しておきます。第一回配本は石川達三『誰の為の女』、源氏鶏太『坊っちゃん社員』、山手樹一郎『荒木又右衛門』、横溝正史『獄門島』、舟橋聖一『夜の美しさ』、第二回配本は山手樹一郎『変化大名』(上下)、井上靖『オリーブ地帯』、角田喜久雄『舟姫潮姫』、大林清『美貌の檻』です。

――私たち戦後生まれの世代であれば、これらのラインナップが当時の中間小説や大衆小説の人気作家を揃えたものだとわかりますが、今の若い人たちがこれらを見ても、ピンとこないでしょうね。私が大衆小説を読み出したのは中学時代からですので、六〇年代半ばになっていた。ですから、「ロマン・ブックス」が創刊され、十年近く経っていたので、書店の新書の棚がそれで埋まっていたことを今でも覚えています。ただそれでも舟橋聖一とか大林清はすでに馴染みが薄く、読むことはありませんでした。

原田 今だからいえますが、自分が「ロマン・ブックス」を企画して、まず頭にあったのは純文学、大衆小説、中間小説などの垣根を取り払いたいという一念でした。これは前にもふれましたが、あの当時特有の様々な含みがあったのです。今の言葉でいえば、小説の文化的格差もひどく、文芸誌も大衆雑誌もそうだったけれど、純文学と大衆小説なども同様だった。例えば吉川英治さんは講談社にとっての大作家であっても、「小説の神様」志賀直哉先生から見れば、単なる多筆多作の時代小説家でしかない。それを揶揄して、志賀先生は僕に吉川さんは「偉い人」だといったことがあった。

また大衆小説の中でも時代小説、探偵小説、中間小説と色々あり、それぞれにもヒエラルキーができ、作品も位置づけられていた。

そのような小説状況の中にあって、おこがましいけれど、それらの垣根を取り払い、小説の多様性と深さと面白さを味わうものとして、「ロマン・ブックス」を企画したわけです。小説自体の内容如何によってその作品の価値判断をするのではなく、先ず、純文学・中間小説・大衆小説・時代小説・探偵小説……といったレッテルを貼って、そのレッテルの範囲内でしか作品を評価しないという日本独自の社会習慣を打破しない限り日本の小説は外国の評価は得られない。ノーベル賞は取れないという思いが強かったのですね。と言っても、いろいろのジャンルのレッテルを貼られた作品を混ぜこぜにし、出しただけで

酔いどれ牡丹(上)
角田喜久雄

酔いどれ牡丹(下)
角田喜久雄

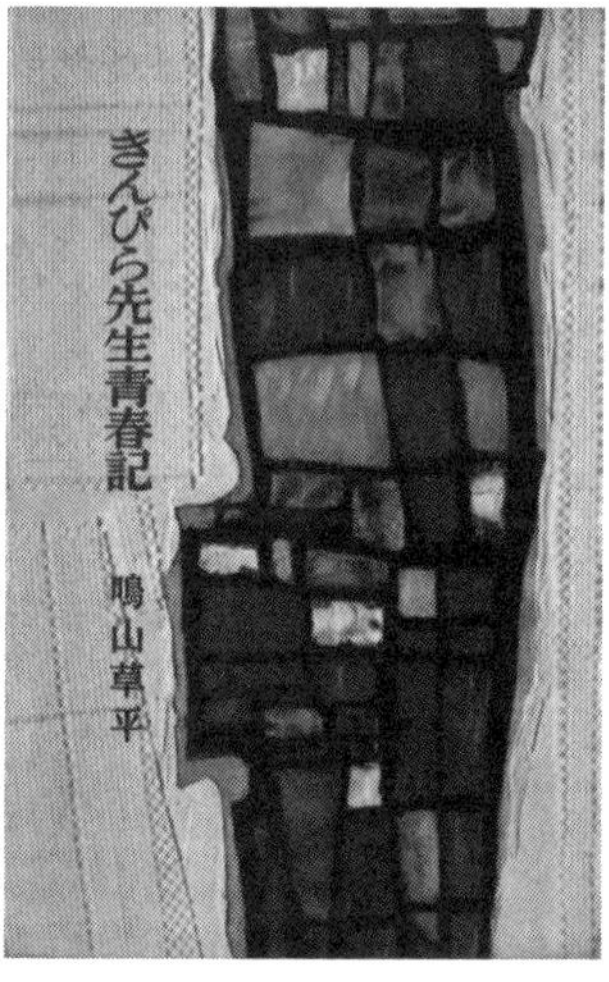
きんぴら先生青春記
鳴山草平

続
きんぴら先生青春記
鳴山草平

は僕の考えなど読者にも評論家にも伝わるはずはないので、その点もっと慎重に作品を選ぶべきであったと反省しています。若気のいたりというのはこういうことをいうのでしょうね。

26 「ロマン・ブックス」アラカルト

――その「ロマン・ブックス」の一九五〇年代後半のものを七冊ほど持ってきました。残念ながら第一、二回配本は入手できませんでしたが、いずれもビニールプレス方式の表紙のもので、角田喜久雄『酔いどれ牡丹』（上下）、柴田錬三郎『異変助太刀記』、鳴山草平『きんぴら先生青春記』（正続）、島田一男『上を見るな』、牧野吉晴『虹の誘惑』です。

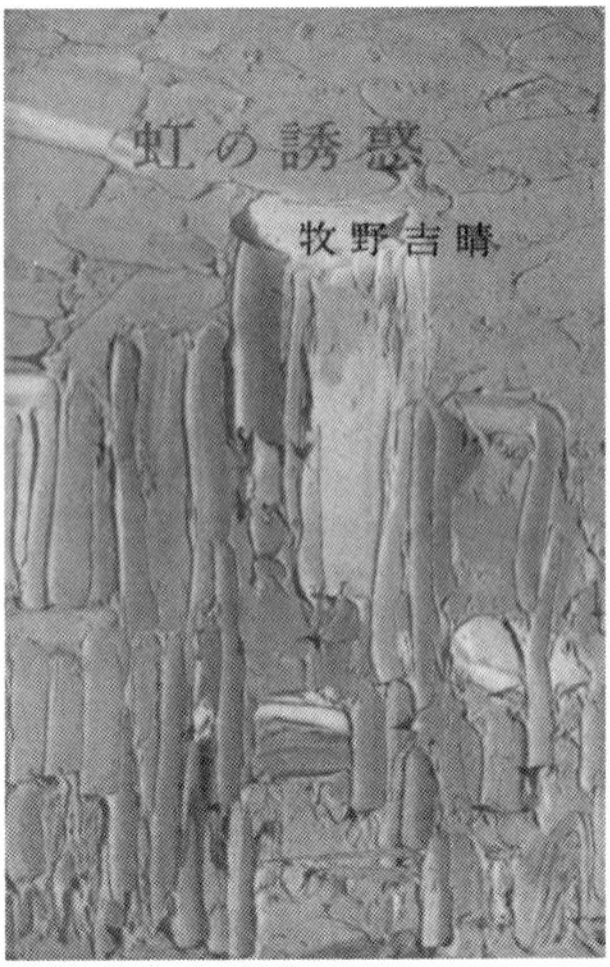

原田　これは懐かしいね、本当にビニールプレスの表紙で、いつ頃からだったのかは思い出せないが、普通のカバー装になってしまい、この感じが失われてしまった。これらはぜひ書影を載せてほしいな。今でもちょっとした高級感は伝わると思うから。

――ええ、そのつもりでいます。

それにおそらく私が「ロマン・ブックス」を読み出した頃からすでにカバー装になっていて、『きんぴら先生青春記』もそれで読んでいる。どうして覚えているかというと、カバー装になってからは裏表紙に粗筋が記されていて、ビニールプレス方式にはそれがない。だから自分がカバー装になってからの読者だとわかる。

原田　『きんぴら先生青春記』の鳴山草平というのは『講談倶楽部』で色っぽいものを書いていて、なかなか評判がよかった。それで鳴山の小説はよそからもらってきたというよりも、講談社に近しいわけだから、すぐにとれる。僕も『講談倶楽部』時代によく知っていたので、頼みにいったら喜んでくださった。

――『日本近代文学大事典』を見ますと、鳴山は戦前に『新青年』の懸賞小説でデビューし、ユーモア、時代小説を得意とし、長い教員生活体験をもとに『きんぴら先生青春記』を書き、好評を得るとあります。この二作は五二、四年に講談社から単行本として出ているようなので、自社本の「ロマン・ブックス」化なんですね。

原田　「ロマン・ブックス」にはその他にも何点も入っていましたが、確か七〇年代初めに亡くなったはずです。

――そのことにも関連しまして、千点以上出された「ロマン・ブックス」も総目録が出されていませんので、せめて初期のセレクションを示すために、角田の『酔いどれ牡丹』上の巻末掲載の「ロマン・ブックス総目録」と同じく下にはさまれていた「ロマン・ブックス新刊案内」を転載しておきたいと考えています。

原田　それは有難いですね。若かりし自分の仕事に他なりませんからね。五九年時点におけるこの二百冊余りのリストは講談社と大衆小説の関係がそのまま投影されている。

――鳴山草平は『青春海流』『戦国愛染峡』『青い台風圏』などが見えている。鳴山の他に藤沢桓夫、富田常雄、宮本幹也、白川渥、竹田敏彦、牧野吉晴といった作家は倶楽部雑誌によく書き、また貸本屋の人気作家だった。その一方で、三島由紀夫、永井龍男、安

ロマン・ブックス総目録

石川達三　誰の為の女　一三〇円
源氏鶏太　坊っちゃん社員　一五〇円
山手樹一郎　巷説荒木又右衛門　一六〇円
横溝正史　獄門島　一三〇円
舟橋聖一　夜の美しさ　一四〇円
山手樹一郎　変化大名（上下）　上一三〇円　下一二〇円
井上靖　オリーブ地帯　一四〇円
大林清　美貌の艦　一五〇円
角田喜久雄　舟姫潮姫　一三〇円
山手樹一郎　野ざらし姫　一三〇円
田村泰次郎　断崖の花々　一三〇円
尾崎士郎　伊勢新九郎　一五〇円
吉屋信子　黒髪日記　一三〇円
火野葦平　天国遠征　一八〇円
山手樹一郎　江戸の虹（上下）　各一三〇円

中山義秀　丸橋忠弥　一三〇円
大林清　その名は女　一七〇円
水木洋子　あなたと共に　一三〇円
丹羽文雄　ファッション・モデル　一四〇円
山本周五郎　大炊介始末　一四〇円
山手樹一郎　桃太郎侍（上下）　各一三〇円
藤沢桓夫　黄金の椅子　一三〇円
吉屋信子　由比家の姉妹　一二〇円
井上靖　夢見る沼　一四〇円
富田常雄　若草軍記（上下）　各一三〇円
山田風太郎　妖異金瓶梅　一三〇円
火野葦平　海は七色　一三〇円
角田喜久雄　将棋大名（上下）　各一二〇円
宮本幹也　大豪記　一三〇円
源氏鶏太　見事な娘　一七〇円

富田常雄　野火　一三〇円
横溝正史　幽霊男　一二〇円
山手樹一郎　青空剣法　一三〇円
林房雄　狸小路の花嫁　一六〇円
田岡典夫　権九郎旅日記　一四〇円
山田風太郎・高木彬光　悪霊の群　一四〇円
源氏鶏太　奥様多忙　一三〇円
小島政二郎　おこま　一八〇円
邦枝完二　白扇　一四〇円
平林たい子　女ひとり　一四〇円
尾崎士郎　思はぬ人　一三〇円
檀一雄　海の竜巻　一六〇円
棟田博　サイパンから来た列車　一四〇円
井上靖　花と波濤　一〇〇円
舟橋聖一　夜のリボン　一七〇円

若杉　慧	愛の静脈	一三〇円
松本　清張	柳生一族	一四〇円
白川　渥	女人の館	一五〇円
山手樹一郎	やん八弁天	一四〇円
火野　葦平	沈まぬ太陽	一三〇円
田村泰次郎	女の一生（上下）	各一三〇円
長谷川幸延	寄席行燈（上下）	各一三〇円
横山美智子	花物語	一三〇円
有馬　頼義	毒薬と宰相	一五〇円
山手樹一郎	五十両の夢	一三〇円
白川　渥	青草に坐す	一三〇円
鳴山　草平	青春海流（上下）	上一三〇円 下一二〇円
藤沢　桓夫	薔薇はよみがえる	一三〇円
林　房雄・八住　利雄	白夫人の妖恋	一五〇円
加賀　淳子	女心乱麻	一三〇円
林　房雄	青空乙女	一五〇円
若杉　慧	夜ひらく谷	一三〇円
藤原　審爾	裏切られた女たち	一三〇円
源氏　鶏太	青い果実	一三〇円
白川　渥	あさ潮ゆう潮	一三〇円
西川　満	中国美女譚	一四〇円
火野　葦平	花園を荒す者は誰だ	一四〇円
松本　清張	顔	一五〇円
柴田錬三郎	異変助太刀記	一三〇円
大林　清	恋に朽ちなん	一三〇円
竹田　敏彦	愛の海峡	一五〇円
富田　常雄他	直木賞作品集(1)	一三〇円
牧野　吉晴	虹の誘惑	一七〇円
倉島竹二郎	小説関根名人	一三〇円
片山　昌造	員数外（一軍曹の記）	一六〇円
源氏　鶏太他	直木賞作品集(2)	一四〇円
山手樹一郎	青春峠	一四〇円
戸川　幸夫	武豪列伝	一四〇円
立野　信之	直木賞作品集(3)	二〇〇円
源氏　鶏太	天下泰平	一八〇円
田村泰次郎	愛の歴史	一七〇円
白川　渥	川向うの白い道	一三〇円
城　昌幸	人魚鬼	二〇〇円
柴田錬三郎	夢に罪あり	一七〇円
森田　たま	新粧	一三〇円
大林　清	大地に夢あり	一四〇円
有馬　頼義他	直木賞作品集(4)	一四〇円
山手樹一郎	和蘭囃子	一三〇円
源氏　鶏太	緑に匂う花	一四〇円
船山　馨	炎の氷河	一五〇円
新田・邱	直木賞作品集(5)	一五〇円
中河　与一	美貌	一五〇円
石坂洋次郎	白い橋	一六〇円
松本　清張	大奥婦女記	一六〇円
柴田錬三郎	江戸群盗伝	一四〇円
源氏　鶏太	青春をわれらに	一七〇円
大下宇陀児	おれは不服だ	一六〇円
今　官一・南条　範夫	直木賞作品集(6)	一六〇円
山手樹一郎	巷説水戸黄門	一四〇円
永井　龍男	四角な卵	一五〇円
吉屋　信子	父の秘密	一七〇円
新田　次郎	算士秘伝	一六〇円

香山　滋　地球喪失　一五〇円
藤島　泰輔　黒の魅惑　一五〇円
安岡章太郎　青い貝殻　一三〇円
柴田錬三郎　素浪人梅津長門　一五〇円
曽野　綾子　雲の白い日に　一五〇円
梶野　悳三　水兵物語　一六〇円
林　房雄　青春家族　一六〇円
林　房雄　再婚旅行　一五〇円
川口松太郎　皇女和の宮　一六〇円
畔柳　二美　大阪の風　一四〇円
藤沢　桓夫　そんな筈がない　一六〇円
林　房雄　息子の縁談　一五〇円
林　房雄　娘の縁談　一六〇円
山田風太郎　妖説忠臣蔵　一六〇円
山本周五郎　正雪記　一五〇円
藤原　審爾　人斬り稼業　一八〇円
鳴山　草平　青い江の島　一四〇円
林　房雄　美しき母への讃歌　一五〇円
白川　渥　青春の言葉　一六〇円

田村泰次郎　地獄は薔薇で一ぱいだ　一八〇円
藤沢　桓夫　誰かが呼んでいる　一四〇円
由起しげ子　今日のいのち　一六〇円
丹羽　文雄　飢える魂　二〇〇円
土岐　雄三　花嫁の父となりぬ　一五〇円
林　房雄　赤ちゃん誕生　一八〇円
橘　外男　見えない影に　一七〇円
山手樹一郎　青雲の鬼　一五〇円
今　東光　テント劇場　一四〇円
藤沢　桓夫　女の旅路　一六〇円
鳴山　草平　きんぴら先生青春記　一八〇円
山手樹一郎　曽我平九郎（続青空剣法）　一六〇円
牧野　吉晴　山は大きい　一五〇円
小糸　のぶ　朱よりも赤く　一三〇円
山手樹一郎　浪人横丁　一五〇円
南条　範夫　歌舞伎剣法　一五〇円
林　房雄　花ひらく森　一四〇円
山手樹一郎　新編八犬伝　二〇〇円
藤沢　桓夫　誰も知らない　一八〇円

畔柳　二美　ポプラ並木はなにを見た　一三〇円
角田喜久雄　月姫系図　一八〇円
城　昌幸　月光の門　二〇〇円
横溝　正史　吸血蛾　一四〇円
新田　次郎　慶長大判　一六〇円
角田喜久雄　赤姫秘文　一四〇円
中山　義秀　塚原卜伝　二〇〇円
白川　渥　ここは静かなり　二〇〇円
鮎川　哲也　白い密室　一八〇円
由起しげ子　生きる場所　一七〇円
源氏　鶏太　青空娘　一三〇円
竹田　敏彦　子供は知っている　一四〇円
寺崎　浩　女の港　一八〇円
大下宇陀児　子供は悪魔だ　一六〇円
鳴山　草平　きんぴら先生青春記（続）　一九〇円
川口松太郎　振袖狂女　一八〇円
白川　渥　新樹の丘　一六〇円
山田風太郎　誰にもできる殺人　一五〇円
佐多　稲子　体の中を風が吹く　一四〇円

榊山　潤	歩いている女	一五〇円
水谷　準	瓢庵先生捕物帖	一四〇円
新田　次郎	蒼氷	一七〇円
三島由紀夫	永すぎた春	一四〇円
火野　葦平	雲を呼ぶ声	一八〇円
舟橋　聖一	海の百万石	上一五〇円 下一六〇円
今井　達夫	黒い窓	一八〇円
南条　範夫	妻を怖れる剣士	一七〇円
土岐　雄三	カミさんと私	一九〇円
今　東光	お吟さま	一三〇円
北畠　八穂	未知の界へ	一六〇円
由起しげ子	ヒマワリさん	一八〇円
森田　たま	第三の火	一八〇円
戸川　幸夫	隊長と犬係りと橇犬たち	一六〇円
山本周五郎	風流太平記	二〇〇円
新田　次郎	この子の父は宇宙線	一五〇円
子母沢　寛	河内山宗俊	一三〇円
石川　達三	夜の鶴	一三〇円
小糸　のぶ	純愛の砂	一五〇円

竹田　敏彦	夜の人魚	一四〇円
山田風太郎	青春探偵団	一七〇円
富沢有為男	人喰鮫	一七〇円
柴田錬三郎	影ふかき人	一六〇円
島田　一男	じゃが太郎兵衛無惨帖	一八〇円
中村　武志	目白三平の四季	一五〇円
藤沢　桓夫	青髯殺人事件	一五〇円
香山　滋	妖蝶記	一五〇円
鳴山　草平	戦国愛染峡	一八〇円
仁木　悦子	猫は知っていた	一三〇円
林　房雄	黄金の星座	一七〇円
大林　清	夜ごとの霧	一六〇円
田村泰次郎	東京の秘密	二〇〇円
寺崎　浩	肌は匂っていた	一九〇円
竹田　敏彦	私も不良だ	二〇〇円
有馬　頼義	やどかりの詩	一九〇円
源氏　鶏太	南氏大いに惑う	一四〇円
丹羽　文雄	朱乙家の人々	一八〇円
山手樹一郎	崋山と長英	一六〇円

田岡　典夫	シバテン群像	一五〇円
三橋　一夫	足袋	一八〇円
戸川　幸夫	武四郎探検譚	一六〇円
五味　康祐	剣法奥儀	一五〇円
江戸川乱歩	十字路	一三〇円
高木　彬光	人形はなぜ殺される	一六〇円
城　昌幸	金紅樹の秘密	一三〇円
角田喜久雄	酔いどれ牡丹	上一六〇円 下近刊
五味　康祐	魔薬3号	一五〇円
山手樹一郎	青年安兵衛	一三〇円
楠田　匡介	絞首台の下	一八〇円
木々高太郎	光とその影	近刊
山田風太郎	十三角関係	近刊
渡辺　啓助	鮮血洋燈	近刊
藤沢　桓夫	都会の白鳥	近刊
鳴山　草平	青い颱風圏	近刊
柴田錬三郎	血汐笛	近刊
山手樹一郎	鳶のぼんくら松	近刊
山本周五郎	なんの花か薫る	近刊

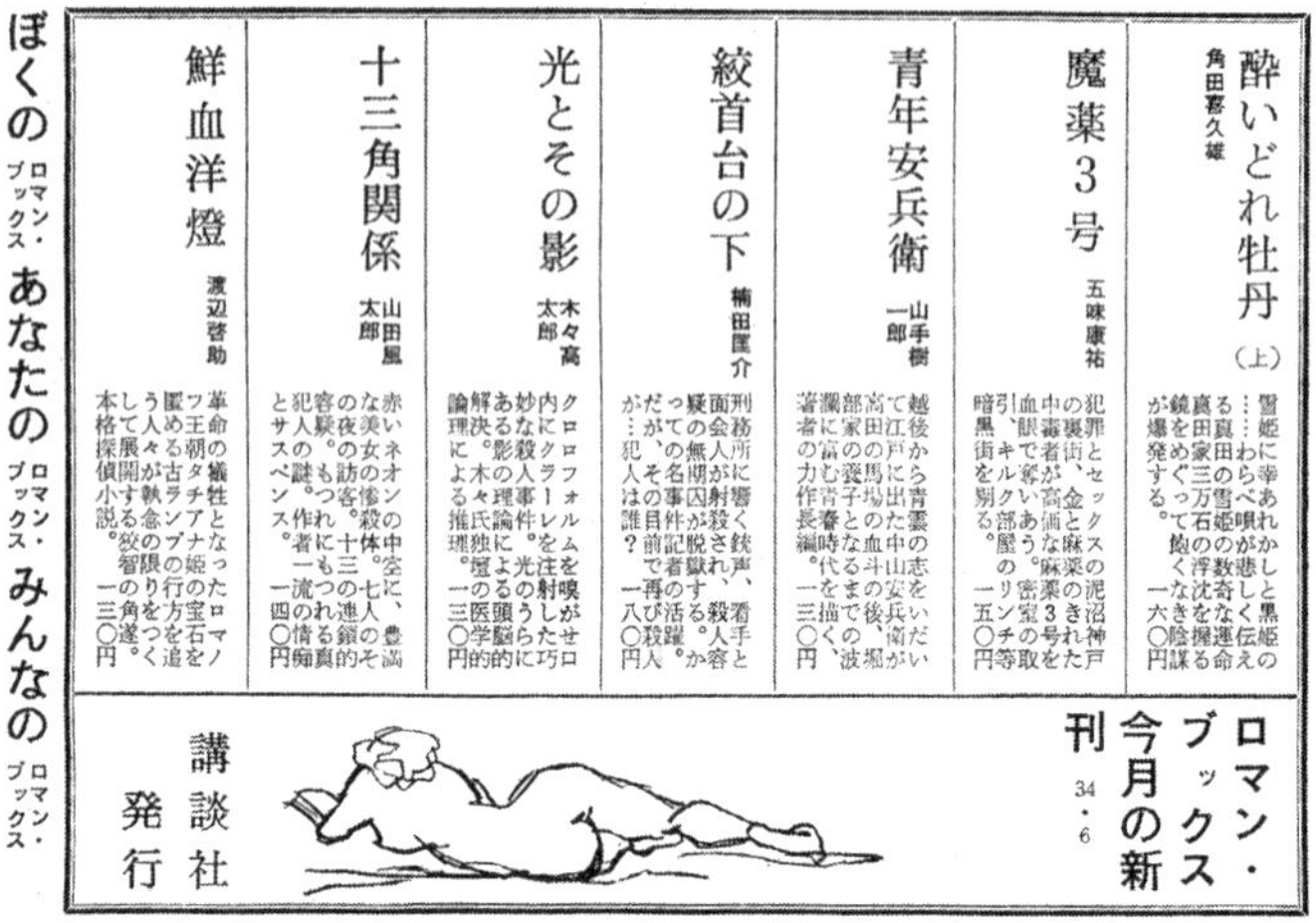

岡章太郎、若杉慧などの『群像』系の文学者も混じっている。原田さんの小説の垣根を取り払いたいという意向が反映されていることになる。

　それから私が覚えているのは大江賢次の『絶唱』で、あれは確か西河克己監督、舟木一夫、和泉雅子主演の同名の映画の原作でした。

原田　その辺を少しだけフォローすると、そういった作家と作品のセレクションもあって、「ロマン・ブックス」は貸本屋で人気が高かったと聞いている。

　大江賢次さんというのは僕の好きな作家で、他にもいい作品を書いていたし、中間小説が本領ではないのです。奥さんもおおえ・ひでといって児童文学者だった。実はその息子さんが

ＩＣＵを出て講談社に入り、僕が担当する教育出版局理科出版部の一員でした。

――六七年入社の大江千尋という人ですか。

原田　ええ、そうです。とても優秀ないい男でしたよ。余談ですが、この理科出版部の部長新井享君も東大農芸化学専攻で、彼の同級生がＳＦ作家の星新一さん、そしてお嬢さんが新井素子さんという奇縁もあります。本当に九〇歳になると、話せば長い奇談がたくさんあって困ります。しかし「閑話休題《あだしはなしはさておきつ》」（滝沢馬琴）と参りましょう。

――残念ですが、まだ先がありますので、そうするしかないですね。

「ロマン・ブックス」に関して、最初と最後しかふれられないのですが、八〇年代の目録を見ますと、源氏鶏太、山手樹一郎、黒岩重吾、山本周五郎、山田風太郎、松本清張、柴田錬三郎、司馬遼太郎、梶山季之、瀬戸内晴美、山岡荘八、石坂洋次郎、川上宗薫など十作以上を占める作家で大半が占められ、初期の講談社の「ロマン・ブックス」のイメージは源氏や山手に残されているものの、中期の大江健三郎までが混じっていた小説はとりあえず「ロマン・ブックス」へ入れるという流れは途絶えた感じがします。つまり原田さんが意図された垣根を取り払う小説のセレクションとしての「ロマン・ブックス」は終わりを迎えていた。

原田　講談社文庫が七一年に創刊され、大江健三郎などはそちらに移され、かつての大衆小説と中間小説が残されたということでしょうね。八〇年代といえば、「ロマン・ブックス」も創刊されて四半世紀が経つわけだから、寿命が尽きたといってもいいけれど、すでに垣根が取れた時代となったことを象徴していて、嬉しい現象だと思う。それに新書判よりやや大きく、かつては安定感と高級感のあった判型も時代にそぐわなくなった。

27　『書下し長篇探偵小説全集』

――　確かにそうですね。講談社文庫に続いて、中公文庫、文春文庫、集英社文庫なども創刊され、第三次文庫本ブームとなり、「ロマン・ブックス」のような判型は時代と合わなくなってきたことも事実ですから。

これらのことはまだずっと後の話ですので、時間を戻します。「ミリオン・ブックス」や「ロマン・ブックス」の創刊に携わる一方で、原田さんは別の企画にも関わっていて、それは一九五五年から刊行された『書下し長篇探偵小説全集』で、次のような内容になります。

1　江戸川乱歩『十字路』
2　大下宇陀児『見たのは誰だ』
3　香山滋『魔婦の足跡』
4　木々高太郎『光とその影』
5　島田一男『上を見るな』
6　城昌幸『金紅樹の秘密』
7　高木彬光『人形はなぜ殺される』
9　水谷準『夜獣』
10　山田風太郎『十三角関係』
12　渡辺啓助『鮮血洋燈』
13　鮎川哲也『黒いトランク』

後述する8と11が未刊に終わったわけですが、そこら辺の事情はどうだったんでしょうか。

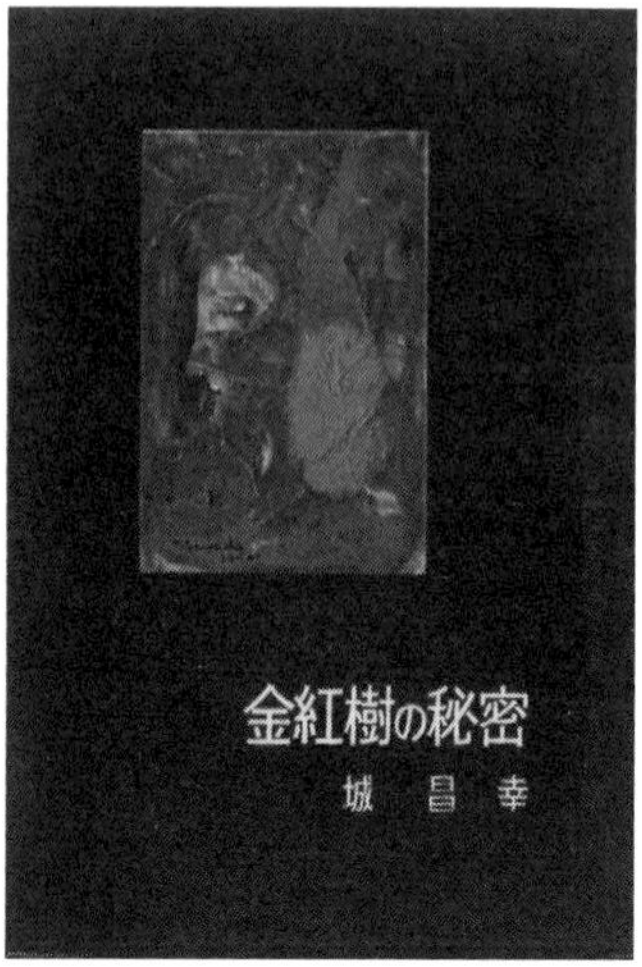

原田　戦後の探偵小説の出版に関しての詳細は江戸川乱歩の『探偵小説四十年』などを参照してほしいのですが、簡略にトレースしてみます。戦後を迎え、横溝正史『本陣殺人事件』『獄門島』『八つ墓村』、坂口安吾『不連続殺人事件』、角田喜久雄『高木家の惨劇』、高木彬光『刺青殺人事件』などの戦前の日本にはなかった所謂本格の名作が発表された。それらとパラレルに『宝石』『ロック』といった多くの探偵雑誌の創刊、探偵小説叢書の「岩谷選書」（岩谷書店）や『日本探偵小説全集』（春陽堂）や、「早川ポケット・ミステリ」の刊行に合わせ、探偵作家クラブが結成され、そのクラブ賞も設けられ、探偵小説がブームになりつつあった。
　そうしたブームを背景に企画したもので、8

は角田喜久雄『五匹の盲猫』、11は横溝正史『仮面舞踏会』の予定だったけれど、未刊に終わってしまった。でも最初から僕は無理かもしれないと思わざるをえなかった。角田さんは前にいったように遅筆状態にあったし、横溝さんは連載をいくつも抱えていたし、この二人が書き下ろすのは時間的にも難しいと。しかし両大家が快諾（？）してくれた以上、当時の探偵小説界の最強のメンバー全員を揃えたこの十二人の揃い踏みは是非実現したかった。

また長年エロ・グロ・ナンセンスと不当に蔑視された探偵小説作家の側にも、この際無理は承知で講談社の企画を成功させたいという悲願みたいなものがあったから、最強メンバー全員の「書下し」という無謀な企画が実現したのでしょう。いうならば、世間知らずの三十前の編集者だからできた企画だったかもしれません。

―― この顔ぶれは面白いですね。乱歩を始めとする戦前派、高木などの戦後派が並び、これが五〇年代における探偵小説十二人衆ということになる。それに「ロマン・ブックス」でも挙げた島田の『上を見るな』も、元はこの全集のために書かれたものだとわかる。

原田　この企画で僕が一番心配していたのは13で、これは「十三番目の椅子」として、一般公募したもので、素人に長篇探偵小説が書けるのかどうか不安だった。ところがまったく無名だった鮎川さんの『黒いトランク』があって、それを乱歩さんが強く推してくれて当選の運びとなった。後に彼が『ペトロフ事件』の中川透だと判明したが。

―― すると今の江戸川乱歩賞みたいなものですね。

原田 そうだね、まさに乱歩賞がスタートしたのも同年で、この後だった。ただ第一回は中島河太郎『探偵小説辞典』(『宝石』連載、後に『日本推理小説辞典』東京堂出版)、第二回は「早川ポケット・ミステリ」の出版に対して贈られた。第三回になって長編推理小説の新人賞に変更され、その最初の受賞は仁木悦子『猫は知っていた』(講談社)で、現在に至っています。

―― 1の『十字路』について、乱歩は合作だったと述べているようですが。

原田 『探偵小説四十年』の中で書いているように、書き下ろしは本来断わるべきだったが、私が書かないと他の作家も書かないので、誰かに手伝ってもらう条件で引き受けたが、汗顔の至りだと述べている。そのアイデアを提供したのは探偵作家クラブ初代書記長の渡辺剣次で、僕がそれを頼んだように記憶している。

―― この『書下し長篇探偵小説全集』の6と12も持ってきましたので、書影を掲載するようにします。黒地の箱にそれぞれ異なる絵がはめこまれ、本体はそれと対照的な金色で、当時はとても斬新な感じだったと思います。

原田　あの装丁は中島靖侃《せいかん》というデザイナーに頼み、箱と扉の絵は彼を通じて何人かの画家が担当したはずで、作家にはかなり喜ばれたことを覚えている。

ただ僕は13の『黒いトランク』の刊行の際には、『キング』の最後の編集長だったので、最後まで見届けることはできませんでした。

28　「書下し長篇推理小説」

――そうなんですか。それでは一九五九年の「書下し長篇推理小説」シリーズに原田さんはタッチしていないんですか。私はほぼ続けて講談社から出されているので、すっかり原田さんがまた手がけているとばかり思っていました。これも明細を挙げておきます。

1　鮎川哲也『憎悪の化石』

2　三浦朱門『地図の中の顔』

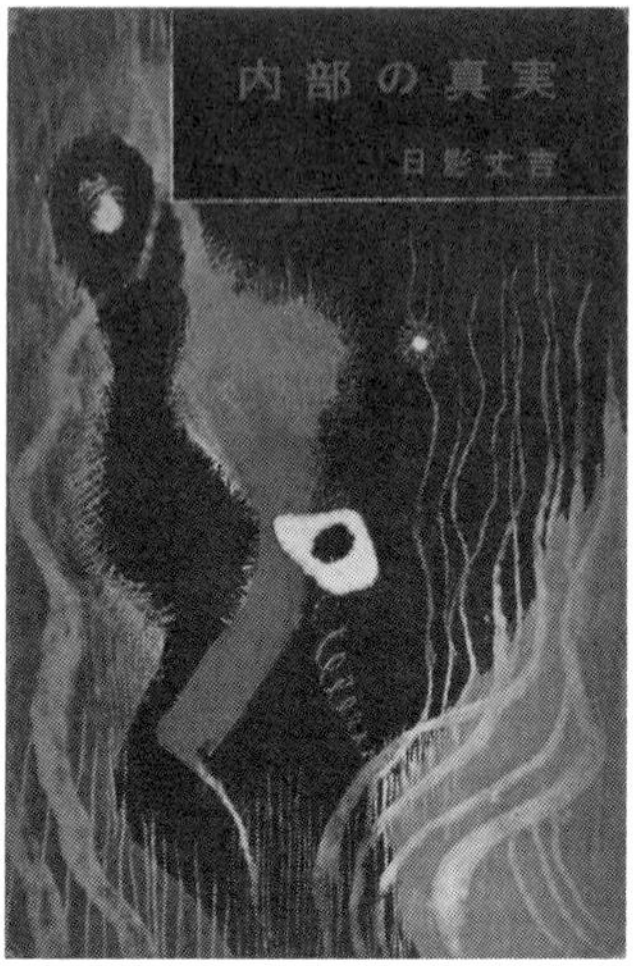

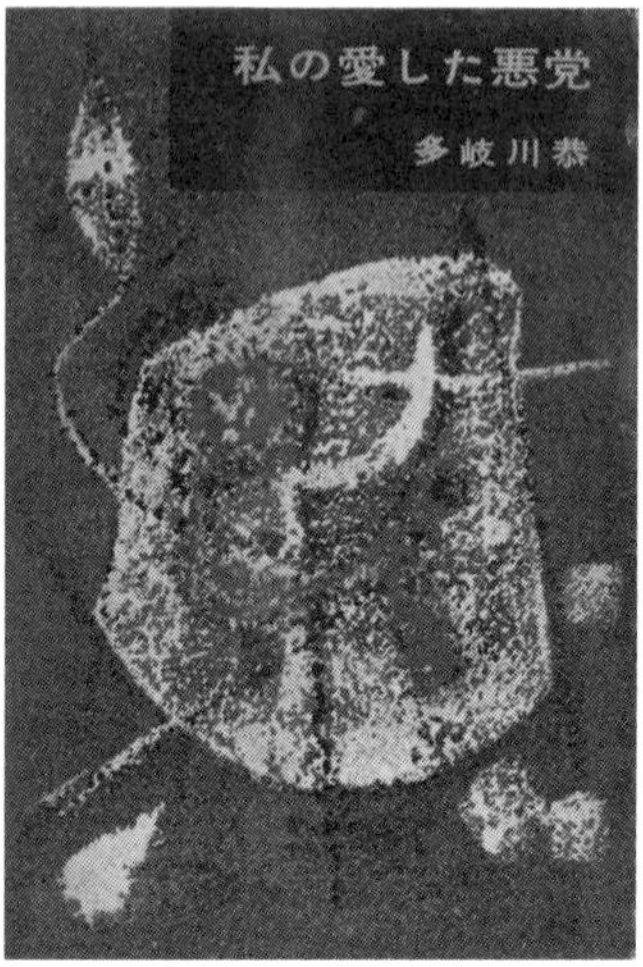

3　日影丈吉『内部の真実』
4　高木彬光『死神の座』
5　多岐川恭『私の愛した悪党』
6　佐野洋『脳波の誘い』
7　香山滋『臨海亭綺譚』

実はこのうちの3、5、7を古本屋で見つけておきましたので、これも書影を出させて下さい。この装丁は池田仙三郎となっていますが、こちらは現代美術風で、意欲的なものに映りますので。

原田　この「書下し長篇推理小説」は僕の大学の後輩で、これも僕の次に学芸部長になった梶包喜《かねよし》君が担当した。彼は才能豊かな好青年だったが、アルコールのせいもあり、早逝して

しまった（合掌）。

　本体は銀色だし、装丁にしても、『書下し長篇探偵小説全集』を継承し、明らかに対になっている。

――私は3の『内部の真実』を読んで、日影丈吉のファンになり、これが台湾を舞台としていたことから、台湾育ちの埴谷雄高のことも連想しました。

原田　日影さんはいい作家だし、僕も何度も書き下ろしを頼んでいる。でも彼の短編はどれも優れた芸術性を備えているのに、長編の場合、よい作品とそうでもない作品の落差が目立つのが残念ですね。

――それはよくわかります。『内部の真実』から始めて色々読みましたが、そのとおりだと思います。

　でも日影のことはさておき、これも続刊として島田一男、山田風太郎、仁木悦子、安部公房、小沼丹、加田伶太郎、菊村到、椎名麟三が予定されていたが、未刊に終わったようです。いうまでもなく、島田や山田や仁木は推理小説畑ですけれど、加田は福永武彦のペンネーム、その福永も含め、安部、小沼、菊村、椎名、２の三浦も『群像』絡みでリクルートされ、予定に加えられていたんじゃないでしょうか。そう考えると、この企画は『群像』の元編集者も加わっていたのかもしれない。

原田　確かにその可能性が高いね。僕はこの頃すでに東都書房の仕事をしていたはずで、それで関わっていなかったのでしょう。

――　なるほど、『日本』の創刊が五八年一月号で、原田さんは初代編集長を務めていたが、『日本』の売れ行きも不振だし、第一編集局長ともうまくいかなくなっていた。

原田　そう、それで辞めるといったら、東都書房にくればということになったのでした。

第Ⅲ部

29　審議室から東都書房へ

——ところで私も最初は誤解していましたけど、東都書房は講談社の正規の別会社ではなく、ひとつの部署の名称と考えたほうがいいのですね。

原田　これにはちょっと説明が必要です。一九五〇年代になって、組合とも協議の上で「発展刷新委員」なるものを立ち上げ、審議室という部署を新設した。室長は現役の常務取締役で、室員は全員「元〇〇」の肩書きを持っていた。つまり「元取締役」「元〇〇局長」「元〇〇局次長」「元〇〇局部長・編集長」などです。後年「窓際族」という言葉が流行ることになるが、それともややニュアンスのちがう異様な部署であった。戦後『キング』が売れなくなってしまったので、かつて名編集長とよばれた人たちを次々と『キング』編集長にすえた。僕はそんな立場ではなかったけれど、その最後のお鉢が回ってきたことはすでに話しましたよね。

——ええ、すでにうかがっています。

原田　「何とかオレが……」などと思ったのは自惚で、僕もやっぱり駄目でした。でも

『キング』の編集長をやって、失敗した先輩たちには、戻るべき先が埋まってしまって、いくところがない。

一方で講談社の経済危機も生じ、今でいう古参社員のリストラ問題も起きた。かつて功績のあった幹部社員で、まだ定年まで間があるが、現場はすでに若手が育っていて、そこには戻れない。

そういう人たちの知恵と経験を集めて、何かいいことを考えてもらおうとの趣旨であるが、審議することなど何もないわけだし、出版社だからやはり本の企画を考えるしかない。といって、出版・編集現場とダブるのは困る。そこで現在の現場ではやりそうもないものをということになり、五四年に『講談全集』を出した。第一回配本は『水戸黄門』『寛永三馬術』『清水次郎長』『大岡政談』『塚原卜伝』で、若い者から見れば、アナクロ的な感じもしたが、講談社ならではのレトロ企画とお家芸が受け、思いの外の売れ行きで、経営的にも大きな貢献をもたらすことができた。

―― 今さら講談でもないだろうと思っていたけれど、予想外に当ったということですね。まだ講談の時代は終わっていないどころか、確固として続いていた。

原田 そういうことです。それで毎月四冊、一年で四十五冊を刊行し、その中でも『水戸黄門』は十万部、『清水次郎長』『柳生旅日記』『赤穂義士伝』は各八万部と本当によく売れた。

――でもはっきりいって、これは昭和初期円本時代の『講談全集』などの焼き直しですよね。

原田　そのとおり、よくわかっていますね。いくらか現代風にリライトはしましたが、元版は講談社の『講談全集』だから著作権も印税も生じない。編集はそれらに通じた古参の編集局次長中里辰男さんが指揮したから、人手もかからず、経費も少額で、これはもう鬼に金棒でした。

――『講談全集』に続いて、『落語全集』が出ます。これも同じく円本の焼き直しですが、『講談全集』ほどの売れ行きではなかった。

原田　こちらは大したことはなかった。同じ焼き直しでも時代に合う合わないの差がよく表われた。

でも『講談全集』と『落語全集』によって審議室の存在が認められ、かつて活躍した編集者たちに一時的にしてもスポットが当たったことは非常によかった。経理部の人たちはあなたたちのおかげで助かりましたといっていたほどだったから。それに出版業界においても古参の編集者の企画として大いに喧伝されたので、戦前からの編集者たちの励みとなったとも考えられます。

ただその一方で、『講談全集』が売れたにしても新しい企画とはとても思われなかった。これも前にいいましたが、児童書の初版部数は最初から二、三万部、ものによったら十万、二十万部もめずらしくない。やはりこれからは子どもの時代だし、その分野にひとつの出版の可能性があると思いました。ポプラ社の田中さんはそれをよくわかっていて、児童書に特化していったんでしょうけど。

それはともかく、そのような審議室事情と『講談全集』などの出版を経て、総務局に置かれていた審議室が独立して企画室となり、それが東都書房を名乗るようになる。

30　東都書房の出版

―― それを確認するために『講談社七十年史年表』の「機構の変遷」を確認しますと、総務局の一部門として審議室が設けられるのは一九五三年で、五六年になって企画室として独立し、それは七三年まで続いています。

この企画室が五六年に東都書房となるわけで、それを『講談社が歩んだ五十年　昭和編』にたどってみますと次のようなことが記されている。

法人組織の別箇の会社として設立するのではなく、いわゆる別名義会社とする。講談社内の一つの機構の中の一部分だが、名義を別にし、独立採算とし、講談社でやっていない、もしくはやりたくてもなかなかやれない出版分野に進出する。そして社名の社内募集が行われ、東都書房と決まり、その代表には元常務取締役の高橋哲之助が就任し、取次、新聞社、印刷所などへの挨拶と披露を行った。そしてその出版が始まっていくわけですが、それは要約するよりもそのまま引用します。そうしたほうがリアルでしょうから。


東都書房における処女出版は、「永井荷風選集」全五巻と、三角寛の「山窩綺談」三巻であった。永井荷風選集第一巻「夏すがた」は、六月四日発売されているから、このときが客観的には「東都書房」の発足ということになる。

東都書房をして一躍有名ならしめたのは、無名の新人原田康子の「挽歌」であった。

「挽歌」は昭和三十年六月から、三十一年七月にかけて、同人雑誌「北海文学」に連載された長編であった。「北海文学」は、ガリ版刷りの少部数の同人雑誌であったが、完結後、当時の出版局長山口啓志まで届けられてきた。山口は「新潮」の「全国同人雑誌推選《ママ》小説特集」中の原田康子の「サビタの記憶」を読み、作者の長編を求めていたが、これは二度目に送られてきた作品であった。

山口が病気長期欠勤中のため元群像編集長高橋清次がこれをとり上げた。新人の、しかも無名の作家の、七百枚近い長編を創業間もない東都書房が、初版一万部を刊行したところに、作品に対する確信と、出版意欲が見える。

「挽歌」は十二月半ばに発表され、翌三十二年一月以降その売れゆきの上昇がはじまった。各種新聞雑誌の書評欄に取り上げられ、ムード調と呼ばれた叙情味たっぷりな新聞広告が読者の心をつかんだ。さらに三月、女流文学賞が与えられ、いわゆる「挽歌」ブームとなり、読書界、出版界の話題を集め、その発行部数は、実に六十万部に達した。

これが東都書房の立ち上がりと処女出版、それに続く『挽歌』ベストセラー事情です。高橋の名前なども出ていますので、続けてすでに原田さんの名前も見えている五九年時点

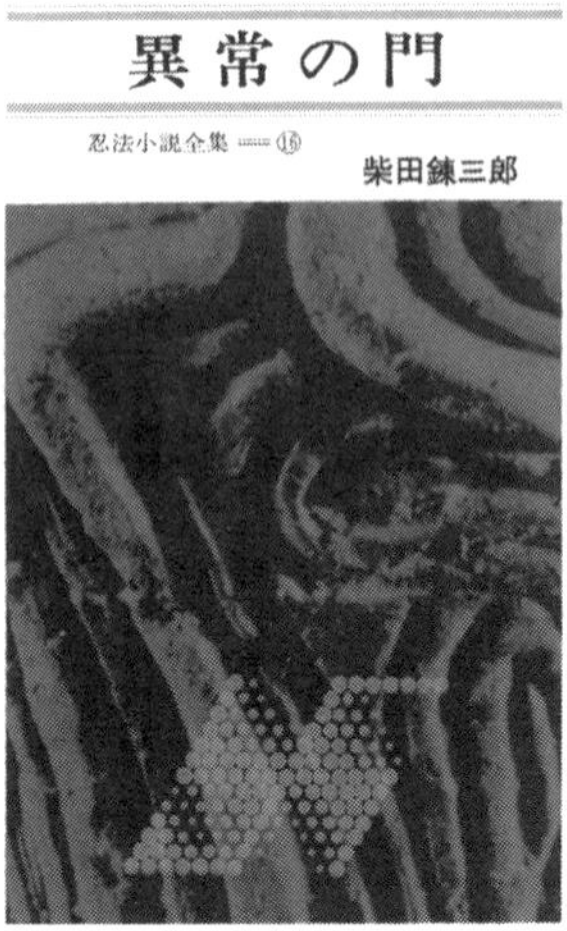

における企画室＝東都書房のメンバーと役職名も挙げておきます。

それらは代表黒川義道、中里辰男（局次長待遇）、高橋清次（局次長待遇）、斎藤修一郎（局長待遇）、矢部靖利（課長待遇）、窪田稲雄（課長待遇）、大杉久雄（課長待遇）、大須賀勤（課長待遇）、原田裕（課長待遇）、谷内とみ子という構成になっている。

原田　この黒川さんと中里さんが『講談全集』の企画編集者ですから、その功績をベースにして東都書房がスタートしたことがわかるでしょう。前にも話した高橋さんは『群像』初代編集長で講談社に純文学を導入した先駆者で、小山勝清の『それからの武蔵』を出した。斎藤、矢部、窪田、大杉、大須賀さんたちは大正から昭和初期に入社し、それぞれに功績があった古参社員、斎藤さんは『忍法小説全集』の担当者だった。谷内さんというのは新入社員だったけれど、新婚ほやほやの若い女性だった。それから付け加えておくと、最初の代表の高橋哲之助は『挽歌』の刊行を推進し、その売れ行きを期待していたが、ブームを見ることなく亡くなってしまった。元出版局長山口啓志さんも若い社員の人気を集めた優秀な人だったけれど、アル中が原因の病気で入院していた。

31 『松本清張選集』のこと

――高橋ラインから『永井荷風選集』と『挽歌』、三角寛は誰の企画でしょう。

原田 三角は戦前からずっと『講談倶楽部』や『キング』の常連執筆者だったから、おそらくその関係からだと思います。僕だって『キング』との関係から、一九五九年に『松本清張選集』全五巻を出している。

――そういえば出ていましたね。それはどういうきっかけがあったのですか。

原田 『キング』の最後の編集長を引き受けた時、編集長の義務として当時の大家の舟橋聖一、石川達三、丹羽文雄などに年始の挨拶にいかなければならない。ただ探偵小説家はいつも会っていたので、ほとんどいかなかったのだけれど、たまたま三鷹の丹羽さんのところにハイヤーでいく途中に清張さんが新築した家のある武蔵関を通った。後で知られる大邸宅ではないが、こじんまりとした綺麗な家でしたね。

僕は松本さんをかっていたので、ちょっと挨拶だけでもしておこうと立ち寄った。そうしたらどうしても上がっていけといってきかない。これが大家であれば、お忙しいでしょうからここで失礼しますといえるけれども、松本さんはまだ広く認められている作家とはいえなかったので、編集者として頭が高いと思われたくないし、少しだけお邪魔するつもりで上がった。そうしたら本人は飲まないのに酒を出してくれて、そのうちによくきてくれたと涙まで流すんだ。松本さんの少年時代に『キング』は大雑誌で、いつか『キング』に書くことが夢だった。それが今こうして『キング』編集長が元旦に年始挨拶にきてくれるとは思ってもみなかった。うれしくて感極まる気持ちだ。大家になってからは狷介なところも伝わってきたが、その頃の松本さんはとても純情だった。でも『キング』はもう売れなくなっていて、昔日の面影も失われていたし、こちらもついでにといっては何だけれども、ちょっと立ち寄っただけなのに。

——何か明治時代に『中央公論』編集長滝田樗陰が黒塗りの人力車で新人作家回りをして、彼らを感激させたというエピソードを思い出しますね。

原田　おそらく『キング』も僕もそんな器でもないのに、そう思いこんだんじゃないかな。

——『松本清張選集』の売れ行きはどうでしたか。

原田　そこそこには売れましたが、これは清張さんの「断碑」「張込み」「白い闇」その他の純文学の代表的作品を飛び切りの高額上製本に仕立てた短編集ですから、最初からベストセラーは期待していない。「カッパ・ノベルス」の『点と線』や『眼の壁』はベストセラーになっていたが、こちらは歴史小説や時代小説が主だったからね。

だから何といっても出版業界に東都書房の名前を知らしめ、そのベースを築いたのは『挽歌』のベストセラーに尽きる。

32　『挽歌』と『コタンの口笛』

——それに私などはリアルタイムで体験していないにもかかわらず、あの所謂「ムー

コタンの口笛
第一部

挽歌

遂に12万部突破！
全国に話題を呼ぶベストセラー
挽歌《ばんか》
原田 康子
はるかな風の音に、過ぎ去りゆく青春の日々……美しい妻に裏切られた中年の建築士に、わたしは不遇な愛と感傷を捧げた。霧深い阿寒のホテルの夜、わたしの求めた確証は果して何であったろうか……
運命の日……幼い娘を連れた中年の建築士桂木と知り合った私は、不思議に彼に惹かれるものを感じた。二十二歳の私を、娘はママンと呼んだ。美しいけだるさを持った桂木夫人と学生の逢曳を見た私は、裏切られた夫の憂鬱に触りたい欲望に駆られ彼は遂にジープで私を湖畔のホテルへ拉し去った……。彼に秘して桂木夫人に近づいた私は、彼女の美と倦怠を烈しく愛するようになった。ある日、遂に破局が来たのだ。
各界絶讃！
東都書房

ド広告」は何かで見たことが記憶の片隅に残っている。これも転載したほうがいいでしょう。

原田　そうだね。あの広告は慶応大学を出て講談社入りし、宣伝部に配属された野村君の仕事で、彼は一躍人気者となり、親しかった僕も嬉しくて祝盃を上げましたよ。『挽歌』は一九五六年暮れに出て、年が明けてから続けて新聞や週刊誌に書評が掲載され、北海道を中心にして売れ始めた。若い女性が冬枯れの雑木林の中をひとり歩く写真を使ったあの「ムード広告」は話題を呼んでいくつもの広告賞を貰ったはずです。本の方はさらに映画化もされ、ブームは続き、最終的に六十七万部の大ヒットになった。

――そういう『挽歌』をめぐるブームがあったから、読んでもいないのに『挽歌』のことを記憶しているのかもしれません。もうひとつ東都書房の単行本で覚えているのは石森延男の『コタンの口笛』で、こちらのほうは小学校の図書室で読んだような気がするのですが。

原田　『コタンの口笛』は『挽歌』が出された一年後の五七年暮れに刊行された。これも児童文学の傑作として小川未明賞を受賞し、ＮＨＫラジオやテレビでも放映され、大きな話題を呼んだし、『挽歌』と相俟って東都書房の名前を定着させたといえる。『コタンの口笛』は元児童出版部長大杉久雄さんの企画です。『挽歌』も『コタンの口笛』も両方とも北海道を舞台にしていたから、当時の北海道ブームと結びつき、今の言葉でいえば、メディアミックスのようなかたちで連鎖し、波紋が広がっていった。それによって読んでいなくても、様々な記憶が残ったとも考えられますね。

—— 確かにその可能性が高いと思います。その記憶のかけらを示す意味において、これら箱無し裸本ですが、やはり書影を残しておきます。

原田 この際だから、僕にとって印象深い三人の女流作家にもふれておきます。一人は前にお話した畔柳二美、もう一人はこの原田康子、三人目は田辺聖子さんです。彼女は『婦人生活』に『花狩』を連載していたが、これが僕のところに持ちこまれてきた。それで東都書房で彼女のデビュー作『花狩』が出されたわけです。だから畔柳さんは僕が講談社から第一作を、あとのお二人は東都書房から第一作を刊行したわけで、当時の人気女流作家の三羽烏はどなたも講談社・東都書房が故郷《ふるさと》ということになります。田辺さんの『花狩』の最初の版元のことはもはや忘れられているでしょうね。

—— それはまったく知りませんでした。

33 『日本推理小説大系』

――さてここでようやく最初のところで、乱歩の『探偵小説四十年』を引用し、原田さんが計画し、立案したと紹介されている『日本推理小説大系』（一九六〇～六一年）に言及することができる。そこでまずはその菊判三段組、全十六巻の内容を示しておきます。

1 『明治大正集』（黒岩涙香、幸田露伴、泉鏡花、岡本綺堂、正宗白鳥、芥川龍之介、谷崎潤一郎、佐藤春夫）（付／日本推理小説史、中島河太郎）
2 『江戸川乱歩集』
3 『甲賀三郎・角田喜久雄集』
4 『大下宇陀児・浜尾四郎集』
5 『小栗虫太郎・木々高太郎集』

『日本推理小説大系』

6　『昭和前期集』（小酒井不木、平林初之輔、城昌幸、夢野久作、海野十三、水谷準、渡辺啓助、渡辺温、葛山二郎、山本禾太郎、蒼井雄、谷譲次、大阪圭吉）
7　『横溝正史集』
8　『島田一男・高木彬光集』
9　『昭和後期集』（山田風太郎、香山滋、大坪砂男、岡田鯱彦、飛鳥高、鷲尾三郎、楠田匡介、大河内常平、朝山蜻一、山村正夫、宮野村子、永瀬三吾）
10　『坂口安吾・久生十蘭・加田伶太郎・戸板康二集』
11　『松本清張集』
12　『有馬頼義・新田次郎・菊村到集』
13　『鮎川哲也・日影丈吉・土屋隆夫集』
14　『多岐川恭、仁木悦子・佐野洋集』
15　『水上勉・樹下太郎・笹沢左保集』
16　『現代十人集』（曾野綾子、南條範夫、高城高、大藪春彦、新章文子、結城昌治、黒岩重吾、河野典生、竹村直伸、星新一）（付／日本推理小説史後篇、内外推理小説年表、中島河太郎）

あらためてこのように『日本推理小説大系』の明細をラインナップしてみますと、乱歩がいっているように、明治大正から昭和戦前、戦後、現代と歴史を追っての編集で、「この叢書自体が『日本推理小説史』になっている」ことを実感しました。

原田　これは六〇年から六一年にかけて出したもので、割合に当たり、非常に評判がよかった。編集委員として江戸川乱歩、平野謙、荒正人、中島河太郎、松本清張の名前が付されているが、中島河太郎さんが実質的な中心となって大いに助力してくれた。彼は東大を出たけれど、いくところがなかったので、中学校の先生になり、それから隅田川高校の国語教師をしていた。そのかたわら新聞に日本探偵小説史を書いたことから乱歩に認められ、本格的な研究の道に入っている。そのための資料収集もすごくて、とにかく目ぼしいものは全部中島さんが持っているといってもいいくらいで、誰もかなわなかった。だから第一回の江戸川乱歩賞が与えられたのも当然のことなんです。

34　中島河太郎の貢献

――私は以前に中島について書いたことがありました。それは一九九九年に彼がミステリー文学資料館の初代館長として亡くなったことにふれ、その追悼文が近代文学研究者の紅野敏郎の回想の小文だけだったこと、中島がやはり同年に死去した大衆文学の尾崎秀樹と並んで、推理小説の比類なき収集家にして蔵書家であったことなどに言及しています。

原田　それは前に送ってもらっていますし、中島さんへの追悼文ですし、巻末に資料として収録したほうがいいと思いますよ。

――　ではそうさせてもらいます。

原田　中島さんは晩年に和洋女子大の学長を委嘱されていたように、本質的には学者なんです。だけど探偵小説と推理小説に対して大変な情熱を持っていて、だから乱歩さんも安心してまかせられたと思いますよ。探偵小説や推理小説の解説や評論は最初中島さんが好意で引き受けているような感じがあった。ところがそれに目を開かれたのか、純文学の評論家の平野謙や十返肇さんたち、それに荒正人さんなんかも探偵小説や推理小説というものはこんなにも面白いといって盛んに書くようになった。もちろんそれは坂口安吾が『不連続殺人事件』を書いたことも大きかったでしょうが。

――　戦前に平野や荒は埴谷雄高や大井広介たちと推理小説を読んで犯人を当てるゲー

ムを試みていましたし、福永武彦や中村真一郎たちもミステリー好きはよく知られていた。

原田 それを考えると、推理小説でも他の分野であっても、優れた作家と作品が生まれ、それに読者と研究者が寄り添い、さらには収集家もいるといった環境が出版の時期にふさわしいといえるし、『日本推理小説大系』はそれに見合った最初の出版だったかもしれない。

―― そういう意味で、まさに中島河太郎という人は古本用語の効き目のような人、つまり入手し難いものでも必ず持っているような人だったんじゃないでしょうか。それだけでなく、彼はミステリアスな人でもあり、戦前には柳田国男の側近だったはずなのに、筑摩書房の『定本柳田国男集』には関わっていなかったようで、まったく名前も見当たらない。それに最晩年の福武書店版『正宗白鳥全集』の編纂者なのに、共編者の紅野にもほとんど研究や収集の手の内を明かさなかったといいます。

35 『現代長篇推理小説全集』

原田 でも僕らに対してはそこまでの韜晦の人ではなかったし、それでなければ、続け

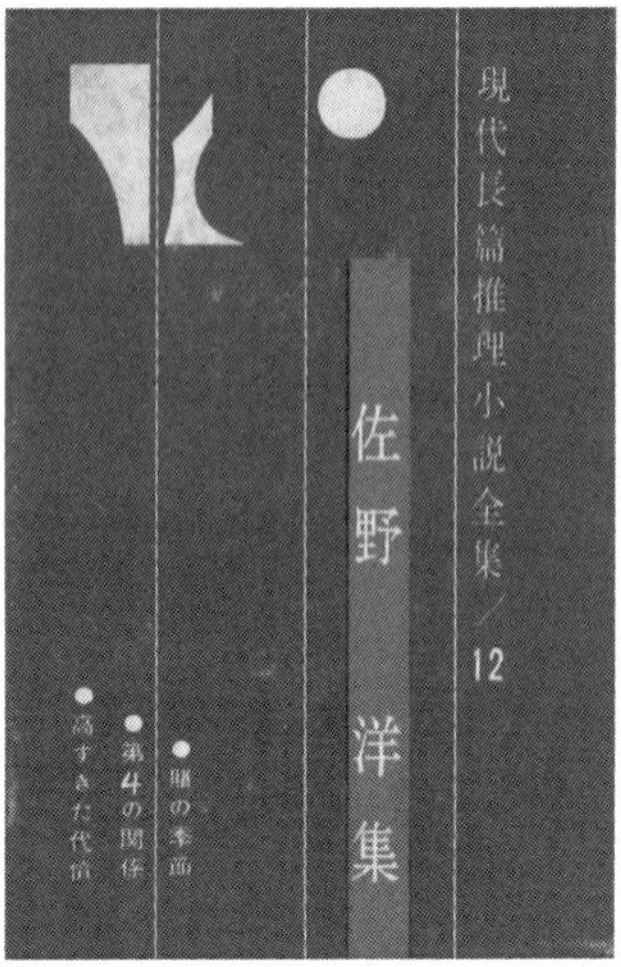

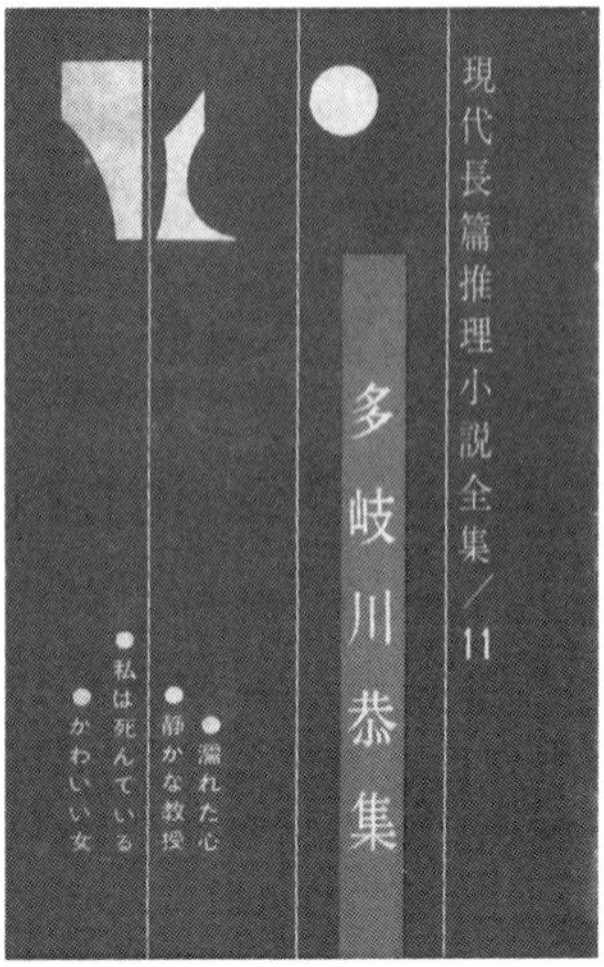

ての企画というわけにはいかなかったでしょう。

『日本推理小説大系』に続けて、これに収録できなかった作品、及び、新たに台頭してきた作家たちの長編を収録した『現代長篇推理小説全集』を一九六一年に刊行している。

――そうでしたか、両者はつながっていたんですね。確かに編集委員五人はまったく同じだ。これも明細をラインナップします。

1　『横溝正史集』
2　『大下宇陀児・木々高太郎集』
3　『松本清張集』
4　『有馬頼義集』
5　『島田一男集』

6 『高木彬光集』
7 『飛鳥高・日影丈吉集』
8 『南條範夫・新田次郎集』
9 『鮎川哲也集』
10 『仁木悦子集』
11 『多岐川恭集』
12 『佐野洋集』
13 『水上勉集』
14 『笹沢左保集』
15 『樹下太郎・結城昌治集』
16 『黒岩重吾・戸板康二集』

原田　これは「東都ミステリー」と同時に進められた企画です。だから別々に取り上げられてきましたが、『日本推理小説大系』『現代長篇推理小説全集』「東都ミステリー」は僕が企画した「東都の推理物」トリオにあたる。

36 「東都の推理物」トリオ事情

――それには当然ながら事情と経緯があるわけですよね。

原田　あの『日本』編集長を辞めてというか、下ろされ、東都書房にいったわけだけれど、僕も新雑誌の編集長を経験して色々と勉強になった。一九五六年の大機構改革によって編集局と出版局が統合され、三つの編集局となり、文芸課と学芸課も合体、第一編集局学芸課となった。僕はそこでいくつかの文芸全集に続いて、「ミリオン・ブックス」や「ロマン・ブックス」を企画し、また自分が面白いと思う文芸書を片っ端から出版した。若さにまかせてのそんな目茶苦茶出版が戦後の世相にうまく適合したようで、どうやら成功を収めた。それで実績に加えて、戦後の最初の大卒入社で、幸い社長にも目をかけられていたらしい。それは本人の僕にも薄々わかっていた。

そのような事情もあり、もう一度今までの経験を糧に編集の勉強をやり直すのが将来のためという有難い配慮で、東都書房へいかせてもらった。ところが前の文芸課や学芸課でやりたかったことやその延長の企画は、現職の本社各出版部が引継いでやっているので、東都書房でやるわけにはいかない。それでミステリーなら本社であまり手がけていないから、東都書房ではこれを主にやってみようと思った。

それなら雑誌時代、出版局時代を通して、日本探偵作家クラブのメンバーとはほとんど親戚づきあいのようになっていたから気分的にも楽だと思いましてね。だから「原田は新雑誌の編集長を下ろされ、東都書房へ飛ばされたので気の毒に」と同情して下さる方々に、説明するのに難渋しました。「そうじゃないんだ」というのは何だか強がりをいっているようでね。

――探偵作家クラブというのは後の日本推理作家協会ですよね。

原田 今さら説明の要もない周知のことでしょうが、戦後の四六年に江戸川乱歩が探偵小説の復興を見て、在京の作家や愛読者に声をかけ、毎月一回の会合を持つようになった。それが翌年に探偵作家クラブとなり、五四年に同じく以前から活動していた関西探偵作家クラブを関西支部として併合し、それに伴い、日本探偵作家クラブと改称した。そして同年に江戸川乱歩賞も制定され、六三年に日本推理作家協会として社団法人化され、当初は講談社別館の一室に事務所を置いていました。

――それで原田さんも長い間、江戸川乱歩賞選考委員を務め、推理作家協会賞の選考の役目も引き受けたりすることになった。

原田　そう、『書下し長篇探偵小説全集』の企画編集から始まっているのだから、もう半世紀以上前のことだし、「東都の推理物」トリオで、探偵作家クラブ＝推理作家協会とは切っても切れないというか、併走するような関係になった。

37　「東都ミステリー」明細

――まず『日本推理小説大系』で、明治大正から現代に至る推理小説史に相当するアンソロジーを編む。そしてその現代にスポットを当て、新しい長編を中心とする『現代長編推理小説全集』を刊行する。そして次に新書版の書き下ろし長編「東都ミステリー」というかたちになる。原田さんは「トリオ」といわれましたが、まさにホップ、ステップ、ジャンプという企画のアクチュアリティが感じられる。この「東都ミステリー」もまず五十三冊の明細を示しておきます。私は以前に「東都書房と東都ミステリ」（『文庫、新書の海を泳ぐ』所収、編書房）という一文を書いていまして、その際に調べたものです。

「東都ミステリー」明細

1 高木彬光『破戒裁判』
2 日影丈吉『応家の人々』
3 佐野洋『第112計画』
4 鮎川哲也『人それを情死と呼ぶ』
5 都筑道夫『猫の舌に釘をうて』
6 海渡英祐『極東特派員』
7 南部きみ子『乳色の墓標』
8 藤木靖子『隣りの人たち』
9 樹下太郎『石の林』
10 左右田謙『県立S高校事件』
11 多岐川恭『人でなしの遍歴』
12 小島直記『隠れた顔』
13 笹沢佐保『泡の女』
14 久能啓二『手は汚れない』
15 横溝正史『白と黒』

16　新章文子　『青子の周囲』
17　日影丈吉　『女の家』
18　島田一男　『終着駅』
19　飛鳥高　『虚ろな車』
20　島久平　『密室の妻』
21　野口赫宙　『湖上の不死鳥』
22　佐野洋　『遠い声』
23　結城昌治　『死者におくる花束はない』
24　水芦光子　『贋（にせ）』
25　久能啓二　『日没の航跡』
26　島田一男　『待避線』
27　仁木悦子　『黒いリボン』
28　陳舜臣　『弓の部屋』
29　都筑道夫　『飢えた遺産』
30　今日泊亜蘭　『光の塔』

31 島田一男『○番線』
32 樹下太郎『休暇の死』
33 南部きみ子『砕かれた女』
34 藤木靖子『危ない恋人』
35 山田風太郎『夜よりほかに聴くものもなし』
36 中田耕治『異聞猿飛佐助』
37 飛鳥高『顔の中の落日』
38 福本和也『啜り泣く石』
39 加納一朗『シャット・アウト』
40 日影丈吉『現代忍者考』
41 天藤真『陽気な容疑者たち』
42 垂水堅二郎『白犬の柩』
43 高橋泰邦『黒潮の偽証』
44 童門冬二『隠密社員』
45 樹下太郎『紅いレース』

46　大藪春彦　『名のない男』
47　佐賀潜　『検事城戸明』
48　島田一男　『北向海流』
49　伊藤桂一　『海の葬礼』
50　佐野洋　『光の肌』
51　中田耕治　『異聞霧隠才蔵』
52　福本和也　『霧の翼』
53　童門冬二　『異説新撰組』

原田　このようにラインナップしてみると、かなり壮観だね。

38　「東都ミステリー」編集事情

――この五十三冊のほとんどが一九六一年から六三年にかけて書き下ろして出されているということにまず驚きます。作家のセレクション、書き下ろしの依頼、編集もすべて原田さ

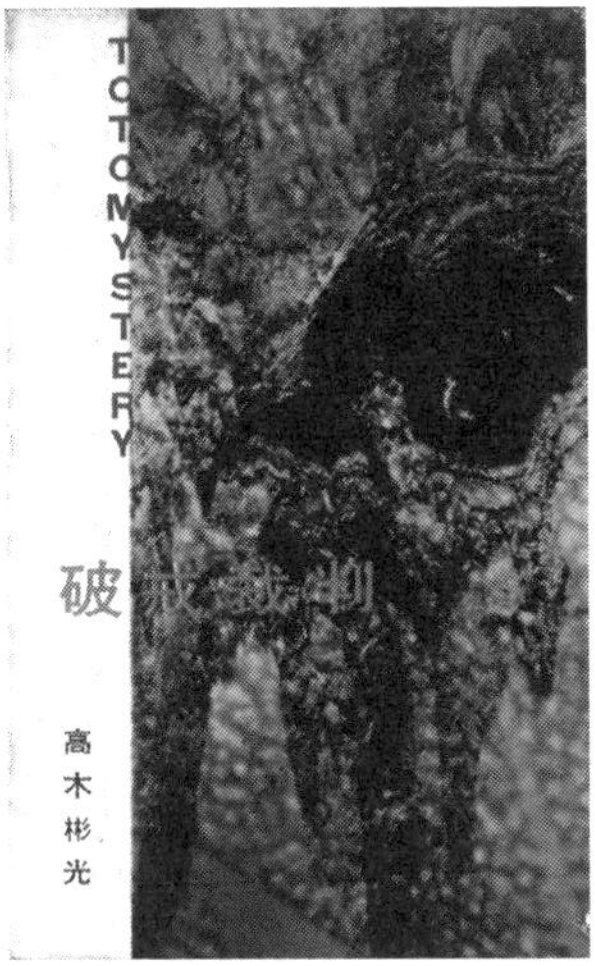
TOTOMYSTERY
破
高木彬光

TOTOMYSTERY
終着駅
島田一男

北向海流
島田一男
KOBE
HONGKONG
SINGAPORE
DAISHINMARU
新作長編推理
TOTOMYSTERY

TOTOMYSTERY
泡の女
笹沢左保

んが担当したわけですか。

原田　そうですよ。企画会議があるわけでもないし、誰も文句をいう人はいないのだから。それに根回ししたって、推理小説なんかわからないという人ばかりで、ＳＦに至ってはその言葉自体が何なのかわからない。社長や役員も原田が東都書房にいるのだから、編集部で了承しているのであれば、いいじゃないかという暗黙の了解みたいなものがあった。

――それではいわば原田さんの鶴の一声みたいな感じで、六〇年から『日本推理小説大系』十六冊、『現代長篇推理小説全集』十六冊、「東都ミステリー」五十三冊、合計するとほぼ四年で八十五冊が出されていったことになりますね。一年で二十冊だから、とんでもない忙しさの中で次々と刊行されていったように推測するしかないのですが、スタッフはどのくらいいたんですか。

原田　アルバイトの女の子だけです。「東都ミステリー」の場合、僕が勝手に作家の選択をして、それから一杯飲んで依頼し、締切はいついつまでだと話し、それで決まりです。月刊誌ではないから毎日のように催促するまでもなく、アルバイトの女の子がいれば十分だった。皆さんきれいな女性で本当に楽しかったですよ。今から考えると、僕の最もよき時代だったかも知れません。

―― 江戸川乱歩は『幻影城』の中で、第一次世界大戦後が英米の本格探偵小説の黄金時代とよんでいますが、それをもじれば、第二次大戦後の六〇年代が日本のミステリー編集の黄金時代といってていいかもしれません。

「東都ミステリー」の裏カバー見返しのところに「東都ミステリーは……大家新人をとわず、内容本位で厳選した粒よりの推理小説叢書です！ 収録作品は、全部新作、全部長編です！」とあって、これは原田さん自らが手がけたコピーだと思いますが、その自信あふれる意欲的な編集姿勢が伝わってきます。

原田 そういわれると内心忸怩たるものがあるね。『書下し長篇探偵小説全集』では乱歩、横溝、角田に依頼して、乱歩は合作にしても『十字路』を出すことができたけれど、横溝と角田は未刊に終わってしまった。そこで「東都ミステリー」の場合はそれを避けたいと思ったし、新書版形式だったから、新人を多く起用し、「カッパ・ノベルス」とはまた異なるミステリーの世界を現出する意図もあった。

―― それはものすごくよくわかります。でも15に横溝の『白と黒』が入っているのはどういう事情なんでしょうか。しかも千百枚と謳われているだけとりわけ厚い。

原田　これは横溝さんが六〇年から共同通信系の地方新聞何紙かに連載していたもので、完結したら東都書房で単行本化すると約束してくれていた。それでちょっと厚くなるけれど、目玉というか、大家の一冊もアクセントに必要だと判断し、「東都ミステリー」に収録させていただいた。団地を舞台としたミステリーとしてはかなり早く、目新らしさもあったし。確か『横溝正史全集』にも入っているはずだ。

――その横溝だけが戦前からの作家で、他の人々は全員が戦後のデビューですし、そこが「東都ミステリー」の何よりの特色となっている。

39　日影丈吉のこと

原田　ただそれが成功しているかどうかは甚だ自信がない。例えば、日影丈吉には『応家の人々』『女の家』『現代忍者考』と三冊書いてもらっている。

――ええ、2と17と40ですね。

原田　日影さんは『宝石』のコンクールに「かなむぎうた」で入選し、その後「狐の鶏」で日本探偵作家クラブ賞を受賞している。これらの短編はものすごくいいし、面白い。それで僕は長編を頼んだわけだが、なぜか長編はもうひとつうまくいかなくて、何度も書き直してもらった。どうして短編はあんなにすばらしいのに、長編は書けないのか、日影さん得意の純文学風短編に比べ、長編『応家の人々』や『女の家』はどうしても見劣りする。本人もそれをわかっていて、今度はという気持ちで三冊も書いてくれたんだろうけど、かえって無理をさせてしまったのではないかと後で思ったりもした。

――近年国書刊行会から『日影丈吉全集』が出されましたが、誰かが書評でそうした玉石混淆ぶりを指摘していた。それは日影につきまとっていたものなんでしょうね。でも彼もフランス料理人たちのフランス語教師だったようで、経歴も含めてミステリアスで、存在そのものがミステリーといっていい人ですから、やはり書き下ろしを依頼してよかったんじゃないでしょうか。

原田　そういってもらえるのは何よりだけどね。日影さんご夫妻は人間的にも大好きでしたから。

――「東都ミステリー」で、これまで入手

している十四、五冊ですが、そのうちのカバーつきの十冊の書影を示しながら、色々とうかがっていきたいと思います。日影の『女の家』もあるのですが、残念ながら裸本ですので掲載は見合わせます。

原田　でもよく集めましたね。

40　「東都ミステリー」の古書価

――　そんなことはないですよ。今はネット時代ですので、色々とネットで調べれば、全五十三冊を揃えることも不可能ではないでしょうが、ちょっとそこまで根気がなく、これらでとどまってしまいました。

以前にある古書目録で、「東都ミステリー」が五十冊ほど並んでいるのを見ました。その目録ですと、高木彬光、佐野洋、鮎川哲也、都筑道夫、多岐川恭、笹沢佐保、小島直記、結城昌治、島田一男、仁木悦子、陳舜臣などはその後著名になり、文庫化もされていることもあって、大体古書価は千円から千五百円でした。

ところが9、32、45の樹下太郎『石の林』『休暇の死』『紅いレース』、10の左右田謙

TOTO MYSTERY
密室の妻
島 久平

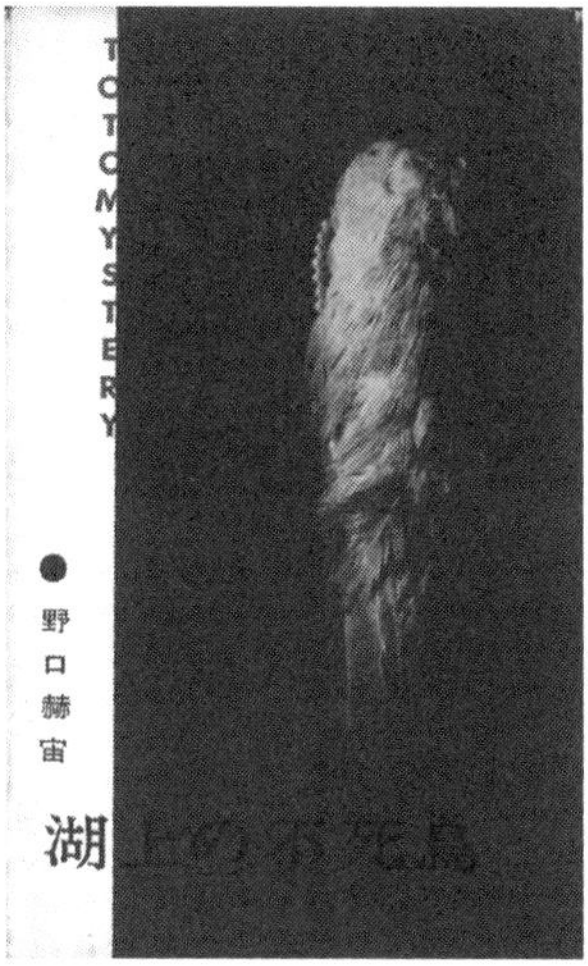
TOTO MYSTERY
野口赫宙
湖上の不死鳥

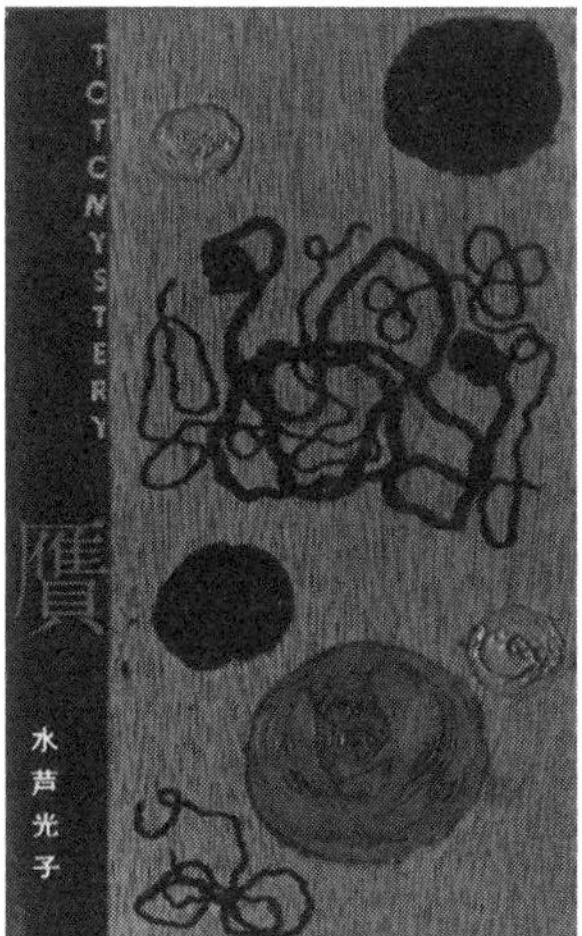
TOTO MYSTERY
贋
水芦光子

TOTO MYSTERY
隣りの人たち
藤木靖子

『県立S高校事件』、14と25の久能啓二『手は汚れない』『日没の航跡』、19と37の飛鳥高『虚ろな車』『顔の中の落日』、20の島久平『密室の妻』、21の野口赫宙『湖上の不死鳥』、24の水芦光子『贋』、30の今日泊亜蘭『光の塔』、7と33の南部きみ子『乳色の墓標』『砕かれた女』、8と34の藤木靖子『隣りの人たち』『危ない恋人』、41の天藤真『陽気な容疑者たち』、42の垂水堅二郎『白犬の柩』などは三千円から五千円もしている。

原田　それは新書版にしてはかなりいい値段ですね。

――その後30や41は文庫化されていますが、この「東都ミステリー」でしか読めないものも多く、それも作用しているはずです。またそれらの作家たちはもはやほとんど退場してしまって、プロフィルもほとんどつかめない。そこで簡単な紹介で結構ですので、少しお願いできませんか。

41 「東都ミステリー」の作家たち

原田　そうですね、先に挙げた千円から千五百円の古書価の作家はよく知られているけれど、後の高い古書価の作家たちの多くはもはや忘れられたといっても過言ではないし。僕の出版芸術社で、前者に属する横溝、日影、高木、山田、鮎川、仁木たちはかなり出しているけど、後者は今日泊の『まぼろし綺譚』と樹下の『鎮魂の森』、飛鳥の『青いリボンの誘惑』、天藤の『日曜探偵』ぐらいしか刊行していないものね。それでは一人ずつコメントを加えておくような感じで紹介してみましょう。

＊樹下太郎／パイオニアに勤めていたサラリーマンで、『宝石』『週刊朝日』の共催懸賞に入選し、一九五九年に登場人物の視点を変えることでサスペンスを構成する処女長編『最後の人』を発表。これは東都書房で僕が手がけ、戦時下の事件のために脅迫される男を主人公とした六二年の『鎮魂の森』は出版芸術社の「ミステリ名作館」で復刻。短編集『散歩する霊柩車』は傑作とされ、当時書評が多出した。

＊左右田謙／高校教師のかたわら、『宝石』懸賞に本格物『山荘殺人事件』で一等入選。その後県立高校を舞台とし、学歴と名前を詐称して赴任してきた教師をめぐって起きる怪事件を描いた『県立S高校事件』、その後も高校を舞台とする『疑惑の渦』や『球魂の蹉跌』などの学園ミステリーを発表。角田喜久雄の遠縁にあたる。

＊小島直記／後にビジネス書や人物評伝で著名になるが、火野葦平のあとを受け、『九州文学』を主宰し、芥川賞候補にもなっていて、『隠れた顔』は経済ミステリーである。

＊久能啓二／日本中世彫刻史を専門とし、鎌倉国宝館学芸員を経て、跡見学園大などの教授。『宝石』『週刊朝日』共同募集の短編で入選。『手は汚れない』は長編第二作で、鎌倉を舞台とする仏像の盗難、美術史家と宗教家の対立を描き、続く『日没の航跡』は銀行副頭取毒殺事件と造船会社合併をめぐる陰謀をテーマとしている。

＊新章文子／童話作家として出発し、五九年に『危険な関係』で第五回江戸川乱歩賞を受賞。続けて女流ミステリー作家として『青子の周囲』などを発表する。易学に通じ、『四柱推命入門』（カッパ・ブックス）はベストセラーになった。

＊飛鳥高／清水建設の常務取締役。技術研究所長や本部長を歴任する一方で、『宝

石』短編懸賞に当選。六一年の『細い赤い糸』で日本探偵作家クラブ賞を受賞。これはまったく関係のない世界で起きた四件の殺人事件が捜査を通じて細い赤い糸で結ばれ、ひとつの真相へと収束していくミステリーで、傑作である。『虚ろな車』や『顔の中の落日』は人間関係の不安定さをテーマとするサスペンス。二十年以上のブランクを経て、九〇年に出版芸術社より長編『青いリボンの誘惑』を刊行。

＊島久平／関西探偵作家クラブの設立者の一人で、五〇年に『宝石』懸賞コンクール長編で入選。この密室物『硝子の家』は元警察官の伝法が探偵役を務め、『密室の妻』も同様で、大阪薬業界を舞台とする本格物である。

＊野口赫宙／朝鮮に生まれ、昭和七年に『改造』の懸賞小説に張赫宙名で処女作『餓鬼道』が当選し、出世作となる。五〇年代末から推理小説も手がけるようになり、長編『黒い真昼』などがある。『湖上の不死鳥』は村社会に起きた殺人事件が色と欲にまみれた村の名士たちの古傷をあばきだす重厚にして特異なミステリーとなっている。

＊水芦光子／金沢出身で、室生犀星に師事し、詩人として出発。五〇年頃上京し、小松伸六主宰『赤門文学』同人となり、東都書房より心理小説『許嫁者』『芦』など

を刊行。『贋』は唯一のミステリーで、天才的な詐術を身につけた美青年と彼をめぐる三人の女性のからみ合いを描いた異色作品。

＊今日泊亜蘭／米軍通訳のかたわらで、日本最初のＳＦ同人グループおめがクラブに参加し、五八年『宇宙塵』に未来からの侵略をテーマとする『刈り得ざる種』を連載。これが『光の塔』で、本当はＳＦだけれど、ミステリーの一種だとごまかし、「東都ミステリー」に入れて出した。本来であれば、「東都ＳＦ」シリーズも出したくて、眉村卓、広瀬正、小松左京、筒井康隆などにも依頼したが、出せたのは眉村の『燃える傾斜』だけで、広瀬の『マイナス・ゼロ』は完成していたけれど、僕が東都書房を離れたこともあって刊行できずに終わってしまった。それらはともかく、今日泊は日本ＳＦ界の長老で、出版芸術社からも『まぼろし綺譚』を出した。二〇〇七年に亡くなった。

＊南部きみ子／五二年に中央公論社の『婦人公論』女流新人賞佳作でデビューし、男女の愛憎劇を描く作品を主とし、『砕かれた女』もそれを背景とするミステリー、もしくは心理サスペンスドラマといえる。郷里北海道を舞台とする佳作も多い。

＊藤木靖子／六〇年に『宝石』の第一回宝石賞の短編でデビューし、日常生活を背

景とする殺人事件をユーモラスな語り口で描く『隣りの人たち』が長編処女作である。後にコバルト文庫のジュニア小説の作者として人気を博す。

＊中田耕治／文芸評論を手がける一方で、スピレーンなどのハードボイルドの翻訳に携わり、自らも『危険な女』などのハードボイルドを発表。『異聞猿飛佐助』『異聞霧隠才蔵』は時代小説ミステリーともよべる作品。

＊天藤真／六二年に宝石賞佳作となり、同年に『陽気な容疑者たち』で、第八回江戸川乱歩賞に応募。受賞は逸したが、戸川昌子『大いなる幻影』、佐賀潜『華やかな死体』、塔晶夫『虚無への供物』と並んで最終選考に残る。七八年の『大誘拐』は第32回日本推理作家協会賞を受賞し、ベストセラーとなり、また映画化もされた。

＊加納一朗／『宇宙塵』に参加してSFを書き始め、『宝石』にもSFを発表しながら、『シャット・アウト』などのミステリーも発表。少年少女物SF、推理小説を多く書いている。『ホック氏の異郷の冒険』で第37回日本推理作家協会賞受賞。

＊福本和也／伊藤桂一たちの同人誌『小説会議』に参加し、『K7高地』などで直木賞候補。その一方で漫画『ちかいの魔球』『ハヤブサ新吾』の原作者ともなる。『啜り泣く石』は最初の推理長編で、油脂・石油の業界紙記者の経験が生かされている。

『霧の翼』は航空ミステリーの分野を開いた。
＊垂水堅二郎／読売新聞記者で、六一年に処女長編『紙の墓標』で第七回江戸川乱歩賞次席。『白犬の柩』はその二作目にあたる軽妙にして奇抜な本格推理である。
＊高橋泰邦／六一年の『衝突針路』（早川書房）で海洋ミステリーの分野を開く。『黒潮の偽証』は貨物船における密室殺人をテーマとする。翻訳者としてC・S・フォレスターの「海の男／ホーンブロワー」シリーズを手がけている。
＊童門冬二／東京都庁に勤めながら作家活動に携わり、主として時代小説や歴史紀行を書き、その延長線上に時代ミステリーとしての『異説新撰組』が成立している。現代ミステリーとしての『隠密社員』は異色作。最近は歴史小説作家として、歴史評論も多数発表。テレビにもよく出る有名人。
＊佐賀潜／地検検事を経て弁護士。『華やかな死体』で第八回江戸川乱歩賞を受賞し、『検事城戸明』はその続編にあたる。その後『商法入門』（カッパ・ノベルス）を始めとする「入門」シリーズがベストセラーとなる。
ちょっと大勢になりすぎてしまったかな。最後のほうの童門さんは今やよく知られた時

代小説家なので、挙げなくてもいいかとも思ったのですが、ミステリーも書いていたことはあまり知られていないはずなので、取り上げておきました。

佐賀さんは六〇年代から七〇年代にかけてミステリーのベストセラー作家だったけれど、こちらは今やほとんど読まれていないし、もはやそれらのことも忘れられているのではないかと思い、挙げてみました。

――いや、本当は全員にコメントをお願いすればよかったのですが、そうすると蛇足の感も生じてしまう気がしましたので、セレクト紹介を選んだわけです。でもこうして作家名と作品を並べてみますと、半分以上が読めない作品となっていることがわかります。

原田　確かにあらためて考えてみると、野口、水芦、久能、南部、藤木、垂水などのミステリー作品は「東都ミステリー」で出ただけで、その後文庫化もされていない。だから現在でもこれで読むしかないので、古書価が高くなっている。

この人たちのことを調べていたら、色々と思い出されることや写真が出てきたりしたので、もう少し話してもかまいませんか。

――ええ、どうぞ。

42　他殺クラブ、不在クラブ、霧の会

原田　一九五五年の『書下し長篇探偵小説全集』の刊行がひとつの刺激になったのかしれませんが、五八年に探偵小説家の親睦団体である他殺クラブが結成される。

――私も知っていますし、彼らが他殺クラブにふれた文章を読んでもいます。でもミステリー事典類でも立証されていないこともあって、詳細はつかんでいません。

原田　そんな大げさな組織団体ではないし、ただ探偵小説家が集まって飲むだけの会だった。でも集まった作家たちが有名になりつつあったので、端から見ると、何かえらいような感じに見えたことも事実です。初期メンバーは多岐川恭、河野典生、樹下太郎、佐野洋、竹村直伸、星新一、水上勉、結城昌治で、その後笹沢佐保、大藪春彦、新章文子、都筑道夫、高橋泰邦、三好徹、生島治郎、梶山季之、戸川昌子、佐賀潜なども加わった。

――当時のミステリー新鋭作家が勢揃いじゃないですか。

原田　一同が会している写真があるといいのだけれど、残念ながら見つからなかった。

それはともかく、当時の新鋭作家がほとんど他殺クラブに入ってしまった。東都書房から出すことで売れ始めた三羽がらすの佐野、笹沢、樹下もそうです。

―― 三人以外の「東都ミステリー」の著者を教えますと、多岐川、都筑、新章、高橋、大藪もいますね。

原田 他殺クラブができて、みんなで原稿料の値上げを要求するとか、そういう動きをしたわけではないが、やはり団体となると出版社の目を引くし、文春とか新潮社もメンバーに書き下ろしを頼むようになっていく。一人に声をかけると、それが親しいメンバーへとも波及していく。つまり他殺クラブができたことによってミステリーのお座敷が増えていったのです。それでこちらが書き下ろしを頼んでも、以前のようにスムーズにいかなくなった。

―― なるほど、それはよくわかる気がします。ミステリー出版の人気が高まっていった時代の状況を示している。

原田 それでこれ以上他殺クラブだけが大きくなると出版社も困るかもしれないし、他殺クラブに入っていなくて、ミステリーを書きたいという作家を集めようと考えた。それが不在クラブです。

――それはアリバイがない不在を意味しているのですか。

原田　そうです。これがそのメンバーの写真です。右から小島直記、久能啓二、飛鳥高、海渡英祐、左右田謙、南部きみ子、藤木靖子で、この後乱歩賞作家の斎藤栄と陳舜臣が加わりました。

これらのメンバーはみんな「東都ミステリー」の著者です。海渡英祐は一時高木彬光さんの書生をしていた縁で「不在クラブ」に入りましたが、その後間もなく乱歩賞を受賞しました。

――不在クラブというのは本当に知りませんでした。

原田　不在クラブの他に僕はもうひとつ会を

つくっているんです。これも写真が出てきて、霧の会というんです。これは不在クラブより少し前ですが、藤木靖子さんが「霧の会のことなど」(『幻影城』一九七五年十月号所収)を書かれているので、知っている人もいるかもしれない。

写真は右から戸川昌子、曾野綾子、五十嵐(夏樹)静子、南部きみ子、水芦光子、新章文子、仁木悦子、園田てる子ですね。

――「霧の会」はどういう経緯があったのですか。

原田 女性の推理作家だけで会をつくろうということで、その肝煎り役を僕が頼まれたのがきっかけです。藤木、南部、水芦、新章、仁木さんたちは「東都ミステリー」の著者だったから、そのような会のまとめ役が僕に回ってきたわけです。

藤木さんの文章に「霧の会」の活動、他殺クラブや不在クラブとのジョイントなども書かれているので、興味がある人はそれを読んでもらいたいと思います。あまり知られていないミステリー作家同士の結婚にもふれられていますから。

――出版も一九五〇年代～六〇年代にかけて面白い時代だったと承知していますが、ミステリーの分野でも色々な動き、作家同士の親睦など様々な交流があり、それが出版へと結びついていったことが想像されます。

原田　本当に時代が変わってしまったと実感しますよ。

43 『宝石』と「東都の推理物」トリオの関係

――まさにそうですね。それもよくわかりましたが、女性も含めて、それらの作家の多くが『宝石』出身というか、もしくは懸賞入選者であることも教えられました。つまりそれだけ探偵小説や推理小説において、当時『宝石』が占めていた地位と役割が大きかったということになります。そこで原田さんの口から『宝石』についてもコメントを加えて頂けませんか。

原田　戦後になって多くの探偵小説誌が創刊されたが、『宝石』はその総本山ともいってよかった。四六年に岩谷書店から創刊され、編集長は詩人で『若さま侍捕物手帖』の著者の城昌幸です。横溝正史の『本陣殺人事件』や乱歩の『幻影城』が連載されたり『宝石』で、新人募集も積極的に行われ、推理作家志望者の登竜門でもあった。山田風太郎、香山滋、島田一男、高木彬光、大坪砂男、土屋隆夫、日影丈吉、鮎川哲也（中川透）などもそのようにしてデビューしている。

しかし『宝石』は戦後の探偵小説誌として唯一存続したものの、岩谷書店は経営難に陥り、一九五六年に発行は宝石社となり、翌年には乱歩が経営と編集に参画した。それで乱歩賞を通じての長編募集、『週刊朝日』と共催での短編懸賞、新人発掘のための宝石賞の設定などにより、話題性の提供と誌面のリニューアルを試みた。その結果、「東都ミステリー」の作家たちを始めとする多くの新人たちが登場し、誌面は活況を呈したが、推理小説がブームとなり、ジャーナリズムに歓迎されるようになると、乱歩さんのポケットマネーに頼っている原稿料では作家たちを専門誌としての『宝石』にとどめることはできず、新人養成場としての役割だけが残り、その限界性が明らかになってしまう。そのために乱歩が病に倒れるとともに経営は悪化し、六四年五月に十九年の歴史を閉じることになる。四六年から六四年にかけて、本誌二百五十一冊、別冊百三十冊、合わせて三百八十一冊が刊行された。

簡略な紹介ですが、これでその歴史とプロフィルはつかめるでしょう。

――もちろんこれで十分ですよ。

つまり『日本推理小説大系』や『現代長篇推理小説全集』にしても、また「東都ミステリー」にしても、この『宝石』と併走していたことがよくわかります。戦後のミステリーの歴史において、『宝石』と「東都の推理物」トリオが二人三脚のようなかたちで併走していたと称してもいいのかもしれません。

原田　確かに『宝石』は他社とも関係があったけれど、東都書房との関係が最も深かったし、それは新人の発掘に突出していたことは自負できますかね。

それから『宝石』について補足しておくと、所謂純文学の作家たちも『宝石』のことは探偵小説中心の雑誌だとわかっていながらも、認めているようなところがあった。それも影響してなのか、当時探偵小説はそんなに大したものだと見なされていなかったけれど、既存の作家にしても応募してくる新人にしても、多くが誇りを持って書いているというニュアンスが含まれていた。ミステリーがブームを迎え、売れるようになり、どこからでも注文がくるようになったのは『宝石』の廃刊以後ですから、それ以前の探偵小説家たちの矜持と立ち位置の重要性がわかるでしょう。

――『宝石』の廃刊前後が端境期だったことになりますか。

原田　大体そうですね。探偵小説といわなくなって推理小説となる。松本清張がベストセラー作家になり、新人でも乱歩賞をとると十万部ぐらい売れる。そうすると推理小説も資本主義の時代になったと僕はよくいっていたけれど、ミステリーをめぐって人も金も集まり出す。そうしたトレンドが六〇年代に入って形成されてきた。それが五〇年代と異なる流れですね。

「東都の推理物」トリオの関係でいえば、佐野洋、笹沢左保、樹下太郎などがそういう流れとともに登場し、多くの書き下ろしも出され、それが刺激となり、新人たちをも輩出するようになっていく。そういう勢いというものがあったし、面白い時代だったといえるでしょう。

44　同時代のミステリーシリーズ

――「東都ミステリー」にそれはよく表われ、これだけ多くの新人を起用したのはすごいことで、『日本推理小説大系』『現代長篇推理小説全集』につながる企画だっただけに、「カッパ・ブックス」の松本清張に代表される社会派推理小説とはまた異なり、ミステリーの領域を広げたようにも思われます。それは作者も読者も含めて。その参考のために戦後の同時代の東都書房と講談社以外の主な全集とシリーズ物を挙げておきます。

1　春陽堂書店『日本探偵小説全集』全十六巻、一九五三年
2　〃　『長篇探偵小説全集』全十四巻、一九五六年
3　河出書房『探偵小説名作全集』全十一巻、一九五六年
4　学習研究社『ミステリー・9』全八巻、一九五八年
5　桃源社『書下し推理小説全集』第一期、全十一巻、一九五九年、第二期『書下し推理長編』として全九巻、一九六〇年

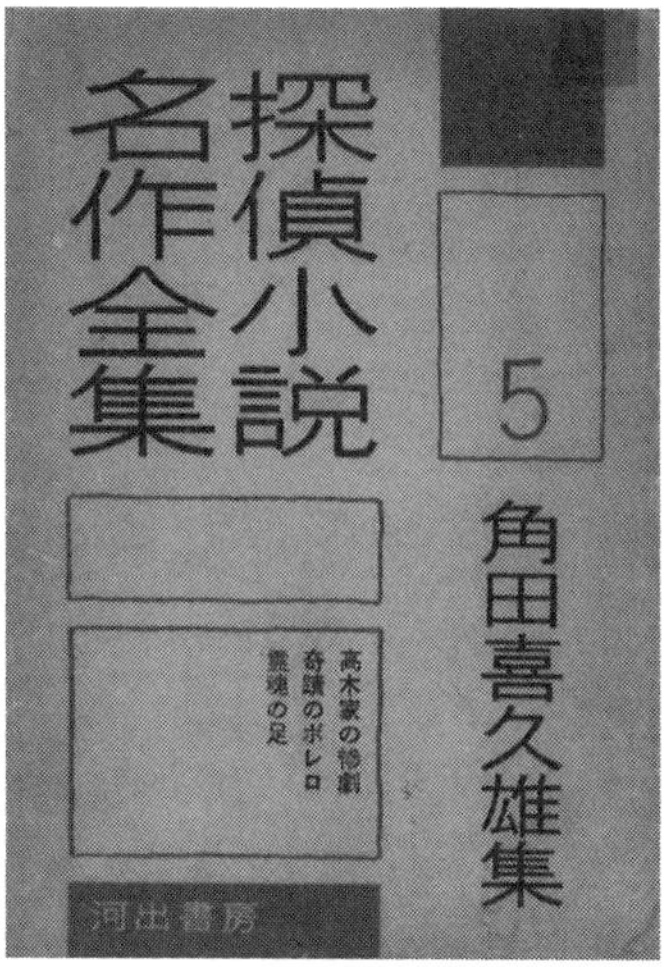

6　早川書房「日本ミステリーシリーズ」全十巻、一九六一年

これらの全部を合わせても、「東都の推理物」トリオのトータル冊数には及ばないし、それらの出版の影響と波紋の広がりが大きく、また多様であったように思われるのです。

原田　それに先ほどお話した他殺クラブ、不在クラブ、霧の会といった作家グループの動向を重ね合わせると、作者も読者も新しい流れの中にいたと認識できます。

またこれらに中絶してしまったけれど、岩谷書店の「岩谷選書」と宝石社の「現代推理作家シリーズ」、それと岩谷書店、宝石社、東都書房と版元を変えながらも出され続けていた『探

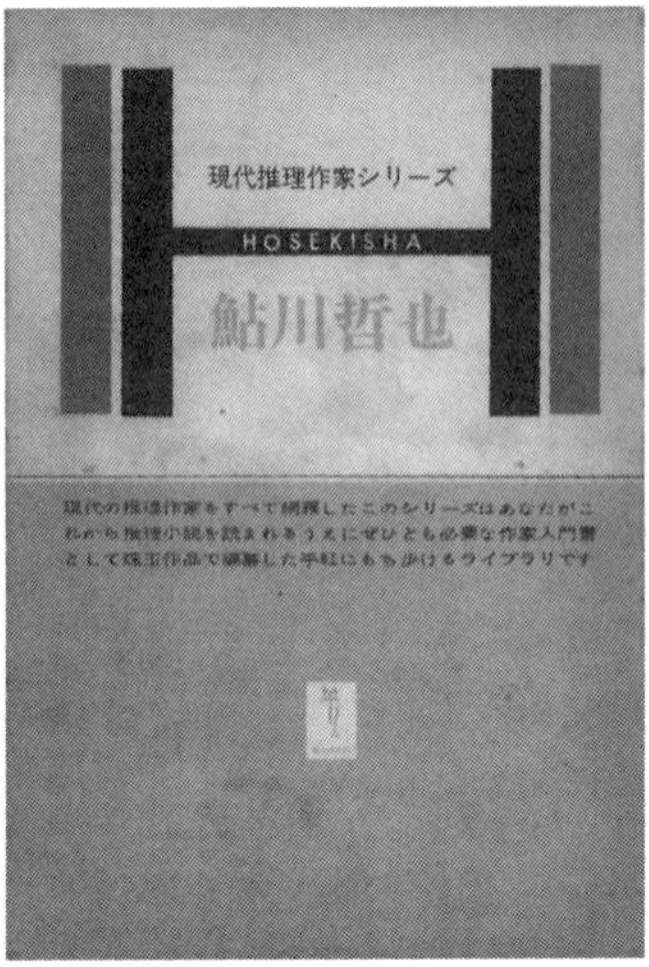
現代推理作家シリーズ
HOSEKISHA
鮎川哲也
現代の推理作家をすべて網羅したこのシリーズはあなたがこれから推理小説を読まれるうえにぜひとも必要な作家入門書として珠玉作品で編纂した手軽にもち歩けるライブラリです

刺青殺人事件
高木彬光著
岩谷選書
9

真赤な子犬
日影丈吉
書下し
推理小説全集

BEST
1960
15
mysteries

偵小説年鑑』を加えるとさらに見取図がはっきりするでしょう。

45 『世界推理小説大系』

――わかりました。それらも挙げていいものかどうか迷っていましたが、書影も掲載しておきます。ただ5の日影丈吉『真赤な子犬』は裸本なので中扉ですし、同じく大藪春彦『獣を見る目で俺を見るな』にはシリーズ名が入っておりません。

それから次に『世界推理小説大系』（一九六二～六五年）のことに移ります。これはやはり「東都の推理物」トリオと刊行時期が重なるかたちで出ているのですが、翻訳物であることと原田さんの企画ではないと仄聞しておりましたので、あえて後回しにしたものです。そうではあっても全二十四巻の大部に及びますし、やはり同様にラインナップと書影は示しておきたいと思います。

1 『ポー』
2 『ガボリオ』
3 『コリンズ』
4 『ドイル』
5 『チェホフ／ドゥーゼ』
6 『グリーン／ウッド』
7 『ルルー』
8 『オルツィー／メースン』
9 『ルブラン』
10 『チェスタートン』
11 『フレッチャー／ベントリー』

12『クロフツ』
13『クリスチー』
14『フリーマン／ウォーレス』
15『フィルポッツ』
16『コール／ノックス』
17『ヴァン・ダイン』
18『アイルズ／バークリー』
19『クイーン』
20『チャンドラー／シムノン』
21『スタウト／ブッシュ』
22『カー／アイリッシュ』
23『アンブラー／ガードナー』
24『ハメット／ワイルド』
別巻　中島河太郎『推理小説展望』

46 『世界推理小説大系』出版事情

原田 この『世界推理小説大系』には事情があるわけなんです。『日本推理小説大系』は割合に当たったというか、明治大正から始めて現在に及んでいたし、初めて推理小説を歴史的に包括しようとする試みだったので、文学関係者にもとても評判がよかった。

――それは編集委員の荒正人や平野謙が解説を書いているのも効いたのでしょうね。

原田 そう、それもあって乱歩さんが『探偵小説四十年』の中で、わざわざ僕の名前を挙げ、『日本推理小説大系』を取り上げ、その全体の内容明細までも紹介してくれた。それでこの企画は営業的にもまずまずだったし、新しい全集として講談社のほうでも認めることになった。

そうしたら出版局担当役員だった松下さんというかつての僕の上司が、俺は海外物が好きだから原田君を見習って『世界推理小説大系』を出したいと言い出した。

――それは一九五六年くらいまで監査役などを務めていた松下嘉行という人ですか。

原田 まさにその松下さんです。以前は監査役も取締役同様会社の役員だったのです。

五〇年代後半に東京創元社から『世界推理小説全集』や『現代推理小説全集』が出されていたけれど、僕はそれが売れないで苦戦していたのを知っていたから、止めたほうがいいと思った。しかし松下さんは昔の雲の上の上司だったし、個人的にもとても世話になっていたから、「その企画は反対」とも言いづらく、それで『世界推理小説大系』も東都書房から刊行されることになった。

――それもあって、こちらも菊判全二十四巻という大部の全集なのに、作家や作品の選択が古めかしく、ちぐはぐな印象を受けるのですよね。

原田　松下さんは三〇（昭和五）年頃に入社しているはずだから、僕よりも十五、六歳上で、編集委員名は『日本推理小説大系』と同じだったけれど、彼なりの海外物のイメージが強く反影されていた。

――なるほど、それでは『世界推理小説大系』の結果については、これ以上言わずもがなということにしましょう。

ただここで「東都の推理物」トリオとこの『世界推理小説大系』の装丁などについてはうかがっておきたいと思います。講談社の『書下し長篇探偵小説全集』のところでもふれたのですが、この装丁は同じ講談社の『長編名作全集』や『現代長編小説全集』と比べ、とてもシックで斬新的で、こちらには原田さんならではのセンスが投影されているようにも見えますが。

47　装丁と「東都ＳＦ」について

原田　やっぱり探偵小説や推理小説をそれまでの低俗なイメージから解放し、ハイブロウな感じ、今の言葉でいえばおしゃれな感じに近づけたかった。そのためにああいった装丁になった。

当時の講談社にはこれも戦後独特のものだったけれど、多くの雑誌の創刊などと絡んで、挿絵画家、デザイナー、イラストレーターといった人々が作家たち以上に出入りし、売れない画家やそれらの卵たちも例外ではなかった。ただここでデザイナーやイラストレーターという言葉を使ったけれど、これらはいつ頃から定着したのかな。もちろん戦後のことで婦人雑誌やファッション関係の雑誌が単行本の装丁にも大きく影響したように思いますね。

それはさておき、『長編名作全集』や『現代長編小説全集』などが戦前の講談社の装丁のイメージを引きずっていたのは編集者もデザイナーもその流れに属していたからで、時代小説ならばともかく、探偵小説や推理小説は異なるものに仕上げたかった。それで講談社に出入りの画家で、新しいセンスを感じさせた中島靖侃、真鍋博、福島祥介といった人たちに装丁を頼んだ。

――それで『書下し長篇探偵小説全集』が中島、『日本推理小説大系』が真鍋、『現代長篇推理小説全集』が中島と福島、「東都ミステリー」が福島となるわけですね。

原田　その後真鍋はイラストレーターとして有名になったが、十年ほど前に亡くなってしまった。中島は『ＳＦマガジン』の創刊号からずっと表紙を書いていたが、福島の現在の消息は知らない。

――大橋博之の『ＳＦ挿絵画家の時代』（本の雑誌社）を読んでいましたら、中島と真鍋は挙がっていて、中島はまだ画家として健在であることが報告されていました。でも福島に関しては取り上げられていない。

原田　今となっては本当に作家よりも多くいた画家たちの消息をたどることは難しいのだろうね。その本にはＳＦだけでも七十一人の画家が挙がっているわけだが、時代小説、探偵小説、現代小説とさらに挙げていけばきりがないし。

――それらに少年少女誌や倶楽部雑誌まで含めれば、無数の挿絵画家がいたことになりますから、これらの人々の探索はとても難しいでしょう。

でも原田プロデューサーによって中島、真鍋、福島の仕事は、このように装丁のヌーベルヴァーグとして、日本探偵小説、推理小説出版史に残ることになったのだから、本当によかったと思います。消えていく小説、忘れられてしまった作品も多くあるように、それは装丁や挿絵なども同様ですので。

原田　いやいや、それは褒め過ぎもいいところで、こちらが恥かしくなります。

第Ⅳ部

48　教科書出版部へ

――さてここで再び原田さんのことに戻りますが、「東都ミステリー」の最後の頃に今度は教科書出版部へと移ることになる。

原田　さあ、それが聞くも涙の物語でしてね(笑)。先ほど話したように、「東都ＳＦ」も始めようと思って、眉村卓の『燃える傾斜』を出し、第２作の広瀬正『マイナス・ゼロ』も快心の出来、みんなに頼んでいた書き下ろしも順調なのに眉村さん一冊だけで終わってしまうのは残念で仕方がない。広瀬の『マイナス・ゼロ』は後に河出書房から出されましたが。

――もし「東都ＳＦ」が実現していれば、早川書房の「ＳＦシリーズ」に匹敵するものになっていたに違いないし、日本ＳＦ初期シーンにまた異なる刺激を与え、別の展開をも示したかもしれないので、本当に残念ですね。

原田　野間社長の兄さんで、高木三吉という人がいた。ところでその教科書出版部に移られた社内事情というのは。

――戦前の一九三九（昭和十四）年に入社し、戦後になって監査役（後取締役）を務めている人ですね。

原田　この高木さんは東京文理大出身ということもあり、戦後を迎えて講談社に教科書局を創設した人で、当時は教科書出版部となっていたが、どういうわけか、僕を気に入り、目をかけてくれた。僕のほうも高木さんを個人的にも尊敬していたし、好きでもあった。その高木さんから教科書出版部にぜひきてくれとオファーが出された。正直いって「東都ミステリー」に加え、「東都ＳＦ」も立ち上げようとしていたところだったし、有難迷惑でもあったけれど、高木さんの頼みとあれば断われない、宮仕えだからね。受けるしかなかったのよ。

しかしこの教科書出版部とそれに続く第一出版センターの経験がなかったら、出版芸術社を創立することにはならなかったであろうというくらい、僕にとっては大きな勉強になった。最初のところでは教科書のことにあまりふれなかったけれど、それも話しておいたほうがいいでしょうかね。人生いろいろですからね。

――ぜひ、それもお願いします。

原田　戦前に講談社は「私設文部省」といわれたし、創業者の野間清治も教育界の出身だったが、教科書は出していなかった。戦後になって教科書の国定制が廃止され、文部省による教科書用図書検定に合格すれば、どの出版社でも刊行できるようになった。ところが経費がどのくらいかかるのかがわからず、部数も読めないことから、合格しても小出版社では出すことが難しいことがわかり、講談社から出してほしいという依頼を受けた。それが四九年に刊行した『中等社会科新地図帳』です。

―― 講談社が教科書地図帳を出していたとは知りませんでした。それは売れたのですか。

原田 見本を全国各地の教科書展示会に出し、それぞれ担当教師が検討し、採否を決めるシステムで、アメリカから導入されたものだった。

それで地図帳の受注部数だが、二、三十万部を予想していたところ、何と九十万部近い数字が出た。もちろん教科書出版は初めてだったし、返品と残部の問題などあったが、それらを市販に回し、完売することもできたので、次に『中学保健』を手がけ、五一年には小学校九種二十六点と教科書部門が拡大していった。それで五二年には教科書局となり、小学校用十三点、中学校用四十七点、高校用十二点まで増えた。ところが講談社は専業の教科書出版社ではないし、営業販売体制にも限界があり、多種類の教科書を抱えることはかえって不利なので、『標準高等倫理・社会』『同政治・経済』『同保健体育』『高等物理・化学・生物』などの高校教科書を主体に中学も『保健体育』のみにしぼりこみ、六二年に教科書局は教科書出版部へと組織変えされた。そういう時期に僕は引っ張られたわけです。

49 講談社と教科書

――リストラの後の教科書出版部を引き受けさせられたとの印象も受けますが。

原田 恰《あたか》も世間は高度成長期まっ盛りでしたから、出版界も雑誌や書籍ばかりではなく、何万何十万という高額の美術商品（掛軸や額装品など）が直接販売で飛ぶように売れ訪問販売専門の販売会社も林立する有様でした。

ところが教科書というのはそんな営業体制からは歓迎されていない。教科書の売上は小学校から高等学校まで、全部売れたとしても三百五十億円ほどしかない。その頃の講談社の売上は四百億ぐらいあって、その中の教科書の売上げはやっと三億円ほどしかない。それでも四月から六月末までの教科書販売時期には本社の販売局はもちろん全国六ヵ所の支社では社を上げて学校廻りに取り組まねばならない。何故ならその年の教科書の販売実績は支社員一人一人の成績がピッタリと数字で発表され、当然ボーナスや将来の昇進にも関係するのだからたまったものではない。今まで営業には散々毒づいて来た僕も、「夜討ち朝駈け」で教科書販売に専念する支社員諸氏には本当に頭が下って「ありがとう」「ご苦労さん」と心の底から感謝したものでした。今でも彼等の姿を思い浮べると涙ぐんでしまうのだよ。

それで僕は各支社を助けて教科書を売るために講談社出版販売という会社を立ち上げてもらった。

――それもあって後に講談社出版販売が第一出版センターの手がけた美術書、豪華本、復刻美術品などの営業を担当するようになるわけですね。

原田 そういうことです。

そうした経験からわかってきたのは講談社の場合、営業的には教科書は止めたほうがいい。けれども、これほど大変な販売を、営業部員が一人一人自分の責任でやることで、営業部員にピーンと筋が通ったのは素晴らしいことだと思ったね。

――それは同じように教科書も出していた小学館（尚学図書）や筑摩書房にもいえることでしょうね。両社はまだ出し続けていますけど、講談社はどうなりましたか。

原田　野間省一社長が倒れ、次の惟道《これみち》社長になってようやく教科書は止めようということになった。それは僕が第一出版センターに移り、社長も倒れた後のことで、それでも三十年近く教科書を出していたことになるね。

50　江戸川乱歩賞予選委員と編集者の変化

――そこで話はまた飛んでしまいますが、原田さんはその間もずっと江戸川乱歩賞予選委員に携わり、ミステリーと縁が切れるということはなかった。

原田　そう。第26回（一九八〇年）に予選委員を頼まれてから、第48回（二〇〇〇年）まで二十一年続けさせてもらった。教科書などに携わっていたので、直接ミステリーとは関係ないから、公平で自由な選考ができるだろうということで、僕に白羽の矢が立ったのでしょう。それに「ミステリーと関係なくなって淋しかろう」という僕への同情も多分にあったのかもしれません。

初めの頃、応募原稿はすべて手書きで、五、六百枚もあったから、読むのがつらかった。大体五十枚から百枚くらい読めば、七、八割は当落の見当がつくが、中には最後まで読んで駄目だとガッカリさせられるものもある。こんなことを続けていると病気になってしまうのじゃないかと思ったりもした。

――それはよくわかります。私も別の文学賞で七、八年やりましたが、もう最後には読むことが拷問のような気になってくる。

原田　それがワープロになり、パソコンになり、読むのは大い楽になっていった。それにつれて、テーマや題材も多様に変わり、こんなものがと思いもかけない様々な事象が小説としてもミステリーとしても成功することを具体的に体験させてもらえたのはこれ以上ない役得と思えた。

それはそうと最近では編集者と作家がメールでやりとりし、それで仕事をすませるようになった。だから編集者と作家が会わずにすんでしまう。昔の編集者は必ず作家に会いにいったし、原稿を依頼するにも訪ねていくのが当たり前だった。それで奥さんにも会うし、子どもさんたちにも会う。夕方になれば一杯やろうかということになるし、作家と編集者というのは非常に密接だった。そういう関係を通じて、この編集者とはウマが合うので、何とか書いてやろうと作家のほうも思っていた。「東都ミステリー」なんかもすべてそんな感じで書き下ろしてもらったものです。

――だから「東都ミステリー」の作家たちはすべて「あとがき」を書き、原田さんにもふれていたりするのですね。新書版のミステリーに「あとがき」があるのは少ないし、どうして「東都ミステリー」にはそれがあるのかと思っていましたが、そうした原田さんの編集者としての資質の由来にもよっている。

原田　いや、それは考えすぎですよ。同時代の他の編集者も同じようなプロセスを経ていたはずですし、あれは僕の趣味というか、せっかく書き下ろしを上梓するのだから、その記念に作家も一言書いておいたほうがいいし、読者への伝言にもなるので、ぜひ書くようにも勧めたことによっている。

――いや、それでも全員が書くというのはすごいことで、そうさせる原田さんの編集者としての存在感があったのだと思いますよ。そうした時代もはるかに過ぎ去ってしまいましたが。

原田　ただその問題は別にして、若い人たちはみんな文章がうまくなってきていると思う。それにつれて小説の書き方もものすごくうまくなっている。これは僕一人の意見で、僕も研究者ではないのだが、日本語には文語体の伝統というものが戦前にはあり、それは小説にも流れこんでいた。文語体の伝統を作家も読者も共有し、それによって想像の伝播も可能とされていた。
ところが戦後になって、そういう文語体によりかかって小説を書いているのはよろしくないと言い始め、新たな散文の模索が始まった。それが戦後派の文学の潮流で、武田泰淳、椎名麟三、島尾敏雄にしても同じだった。彼らの文体表現に見られる難解さは新しい日本語表現のための産みの苦しみだったのではないかと思うのですよ。

―― それに加えて漢文脈の流れというのがいわれていましたが、漢文脈は戦前においてもすでにかなり切断されていたし、戦後に至ってはもはや参考にもされなかった。

51　ミステリーの質の向上

原田　そうした日本語の文章表現の流れを経て、今の若い人たちは表現のあの手この手を学んだのじゃないかと僕は思っています。乱歩賞では今まで素人の人たちがいきなり何百枚もの小説を書いて、堂々と一人歩きしている。こんなことは戦前にはなかったはずで、それには戦後の所謂純文学作家たちの日本語現代文への真剣な取り組みがあったせいでしょうし、全体の質的レベルは間違いなく上がっていると。

それはどうしてかともっと端的に問われれば、文学、あるいは小説の書き方に対する態度へのこだわりがなくなっていることによっているのではないかと思う。パソコンで小説を書く、そしてこの字はおかしいとか、ここに何かが欠けているとか、そんなことに注意しなくていいし、それよりも書きたいことに集中すべきだという自覚が主流になってきたのではないか。文学全体、小説全体はわかりませんが、推理小説に関しては今の若い人たちの環境はまったく昔の人たちとは違っている。

――出版界の最長老のみならず、推理小説に関しても最長老である原田さんがそういわれますと、本当にリアリティがあるし、新本格派の作家たち、もしくはそれ以後の舞城王太郎や佐藤友哉などに当てはまる指摘かもしれませんね。

ところでその日本の推理小説をめぐる環境についてですが、私見によりますと、原田さんと東都書房、それを継承した講談社の一連の出版企画、それらに関わった編集者たちに多くを負っているのではないかと常々考えているわけです。

原田　それはまた大変なおホメで、恐縮の他ありませんが、例えばどういうことに関してなのかな。

52『現代推理小説大系』

――原田さんが東都書房から離れた後も、講談社からはミステリーのシリーズがずっと出され続けている。それを挙げてみますと、「乱歩賞作家書下しシリーズ」（一九七一年）、四巻だけで中絶してしまいましたが、「新鋭推理作家書下しシリーズ」（七二年）、『現代推理小説大系』（七二年）、『世界推理小説大系』（七二年）で、ふたつの「書下しシリーズ」は『書下し長篇探偵小説全集』、『現代推理小説大系』は『日本推理小説大系』と『現代長篇推理小説全集』を範として編まれている。『世界推理小説大系』は巻数こそは半減していますが、これも東都書房版が元になっていることはいうまでもありません。だから『世界推理小説大系』はともかく、七〇年代の講談社のミステリーのシリーズや大系も、五〇年代後半から六〇年代にかけて、原田さんが企画編集されたものをベースにして成立している。

原田 それは僕ばかりではなくて、『現代推理小説大系』と『世界推理小説大系』は中島河太郎さんの一貫した尽力に多くを負っているし、それを忘れてはいけない。特に八〇

『現代推理小説大系』

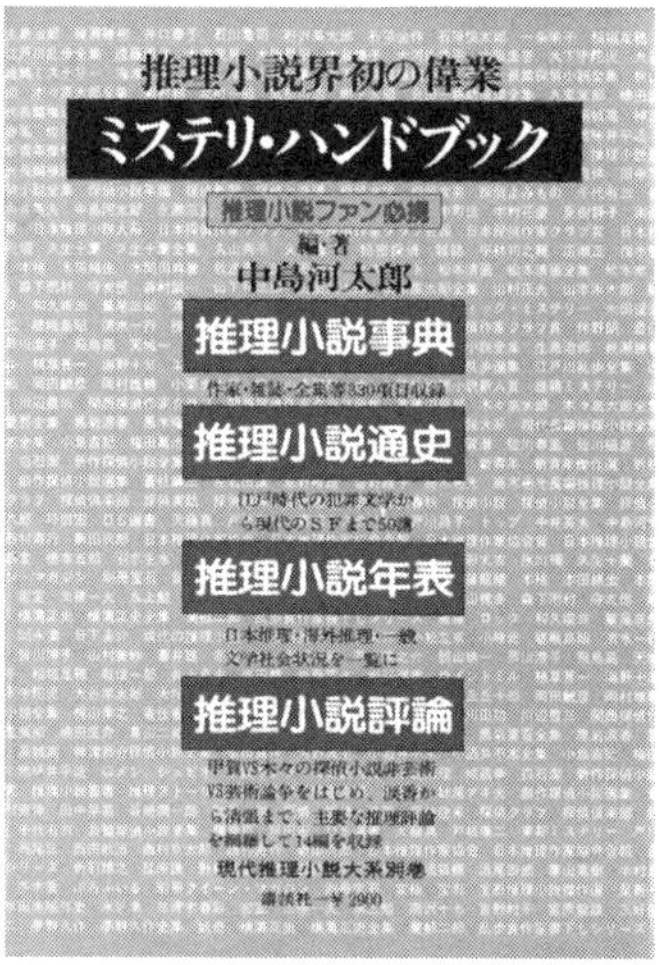

年に出された別巻2の中島河太郎編・著『ミステリ・ハンドブック』は中島さんのミステリー研究の集大成とでもいうべき一冊に仕上がっているし、彼を顕彰する意味でも、その別巻を含めた『現代推理小説大系』の内容明細を挙げておいたほうがいいでしょう。

――確かにそうですね。それでは挙げてみます。

1 『江戸川乱歩』
2 『甲賀三郎・大下宇陀児・夢野久作・浜尾四郎』
3 『小栗虫太郎・木々高太郎・久生十蘭』
4 『横溝正史』
5 『角田喜久雄・坂口安吾・岡田鯱彦』

6 『高木彬光』

7 『香山滋・島田一男・山田風太郎・大坪砂男』

8 『短篇名作集』（蒼井雄、飛鳥高、海野十三、大河内常平、大阪圭吉、香住春吾、加田伶太郎、楠田匡介、葛山二郎、高城高、小酒井不木、城昌幸、千代有三、羽志主水、日影丈吉、水谷準、宮野村子、山村正夫、鷲尾三郎、渡辺温、渡辺啓助）

9 『松本清張』

10 『鮎川哲也・土屋隆夫・戸板康二』

11 『有馬頼義・新田次郎・菊村到・水上勉』

12 『多岐川恭・佐野洋・結城昌治』

13 『笹沢左保・樹下太郎・陳舜臣』

14 『黒岩重吾・梶山季之・邦光史郎』

15 『仁木悦子・新章文子・戸川昌子』

16 『南條範夫・三好徹・生島治郎』

17 『都筑道夫・海渡英祐・森村誠一』

18 『現代作品集』（石沢英太郎、大谷羊太郎、河野典生、斎藤栄、西東登、佐賀潜、高橋泰邦、

夏樹静子、西村京太郎、藤村正太）
別巻1　中井英夫『虚無への供物』
別巻2　中島河太郎『ミステリ・ハンドブック』（評論、推理小説通史、推理小説事典、推理小説年表）
《全巻解題中島河太郎》

原田　この18の『現代作品集』所収の作家たちと別巻1の中井英夫の『虚無への供物』が「東都ミステリー」以後の七〇年代前半までの見取図ということになるでしょうね。中島さんは『日本推理小説大系』の1の『明治大正集』をあえて外し、『現代長篇推理小説全集』とその後のミステリーの動向をふまえ、そのターニングポイントに中井の『虚無への供物』が位置するようなかたちで、この『現代推理小説大系』を編んだのだと思う。そういう意味において、これはミステリーのアンソロジーと資料性も備えた記念すべき『大系』であり、中島さんにしても畢生の編纂仕事だったんじゃないかな。

53 講談社と東都書房のミステリーシリーズ

―― 別巻2の刊行が七年も遅れてしまったことは万全を期そうとしたことにも求められるでしょうし、『ミステリ・ハンドブック』はその期待を裏切らない本当の労作です。

原田さんは中島河太郎の編纂の労を称揚されましたが、それに併走した編集者としての原田さんの存在なくしては成立しなかったようにも思われます。そこでこのインタビューで言及しました講談社と東都書房のミステリーシリーズをもう一度年代順にリストアップしてみます。

1 『書下し長篇探偵小説全集』 一九五五年
2 「書下し長篇推理小説」 一九五九年
3 『日本推理小説大系』 一九六〇年
4 『現代長篇推理小説全集』 一九六一年
5 「東都ミステリー」 一九六一年

6 『世界推理小説大系』 一九六二年
7 「乱歩賞作家書下しシリーズ」 一九七一年
8 『現代推理小説大系』 一九七二年
9 『世界推理小説大系』 一九七二年
10 「新鋭推理作家書下しシリーズ」 一九七二年

原田さんはこのうちの1、3、4、5の企画編集者ですので、やはり講談社のミステリーの種は原田さんが蒔き、2の企画編集者である前出の梶包喜が継承し、そして育てたといってもいいと思います。それに付け加えますと、私たちの世代にとって、ミステリーといいますと、どうしても早川ポケット・ミステリと創元推理文庫のイメージが強いのですが、このふたつはあくまで海外ミステリーが主であって、国産ミステリーではない。だから戦後の国産ミステリーに関しては講談社が揺籃の地ではなかったかということになります。

原田　僕はそこまで自覚的ではなかったけれど、このリストを見ていると、確かにそんな気にもさせられる。

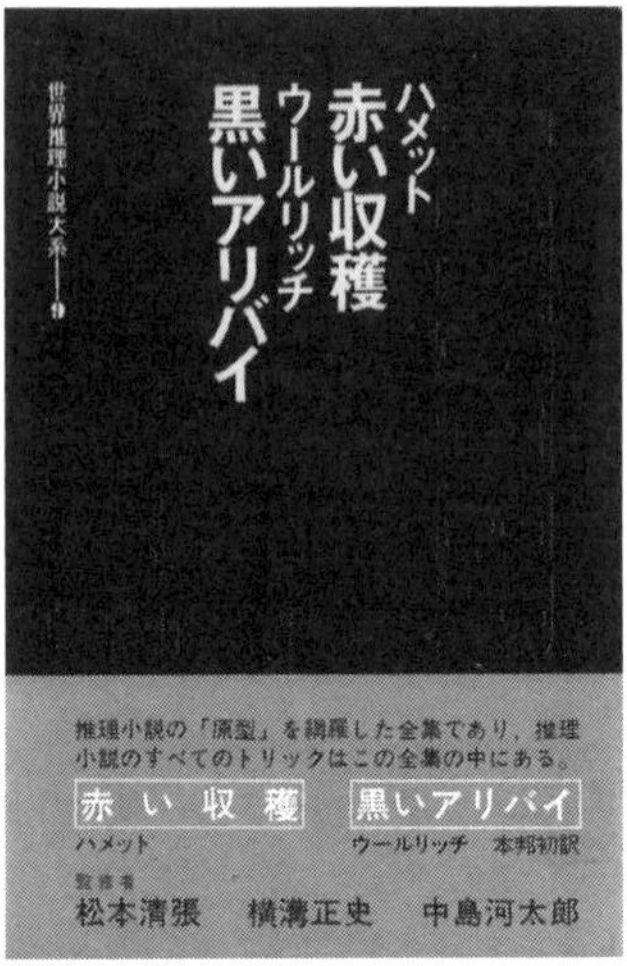

これを見ていて思い出したのだが、講談社の国産ミステリーへの寄与といえば、個人全集や選集を多く出していることも挙げられると思うね。前にも挙げた江戸川乱歩、横溝正史、角田喜久雄、山田風太郎の他に、黒岩重吾、佐野洋、梶山季之、戸川昌子、夏樹静子、森村誠一、結城昌治などの全集や選集やシリーズ物を出しているから。これで松本清張の全集も出していれば、いうことはないのだが、残念ながら文芸春秋にとられてしまった。

――いわれてみますと、私も確かにこれらの多くを講談社版で読んでいます。六〇年代に黒岩や梶山などに「傑作シリーズ」という集成が編まれていて、それらを読んだ記憶がある。だから量ということであれば、国産ミステリーの普及は「カッパ・ノベルス」の役割もさることながら、講談社の功績が多大であったとわかる。それにまだ六〇年代は文庫の時代ではなかったことですし。

原田　そうなんですよ。今は小説にしても何でも文庫の時代になってしまったけれど、僕が推理小説の編集者だった頃は新書の時代だった。だから僕は「ミリオン・ブックス」「ロマン・ブックス」「東都ミステリー」を企画したわけだ。

ただひとつだけいっておくと、現在では文庫、新書というと、少数の売れている著者の本の繰り返し出版、短期間での量産体制、安易な書き下ろしなどが目立つが、まだ六〇年代までは新書化するにも文庫化するにも、十分な吟味とそれなりの見識をふまえてのものだった。それは神吉商法と呼ばれた光文社の「カッパ・ブックス」や「カッパ・ノベルス」にしてもしかりで、今のように何でもかんでも自動的に新書化、文庫化してはいなかった。

54　ミステリー出版のＤＮＡの継承

――それはよくわかります。七〇年代までは全部とはいいませんが、それなりのものを文庫化しようとする見識があり、そのことに文庫の意味づけがありましたものね。

このことに言及しますとまたしてもきりがなくなってしまうので、今いわれた原田さんの「ロマン・ブックス」と「東都ミステリー」のふたつのＤＮＡもまた継承され、八〇年の「講談社ノベルス」の創刊として再生したのではないかと見ています。

それから『書下し長篇探偵小説全集』から始まるミステリーの「書下し」の企画ラインは八九年の「推理特別書下ろし」シリーズへと結びつきます。つまり原田さんの蒔いた種が成長し、八〇年代になって花を咲かせることになったのではないか、つまりいかなる出版の分野であれ、個々の出版社が長きにわたって培ってきた企画編集の特質、それに見合う作家たちとの関係によって開花するに至ったのではないか。私はそのように考えています。

原田　僕は八〇年代には第一出版センターの経営に従事し、八八年に出版芸術社を創業しているので、「講談社ノベルス」にも「推理特別書下ろし」シリーズにも関わっていないし、このふたつが自分がやってきた仕事と結びついていることには自覚的でなかった。
「講談社ノベルス」は単行本が売れなくなり、廉価の新書版を出すことで、売上を伸ばすというのが目的とされていた。それで「カドカワノベルス」を始めとして、各社がノベルスを出し、「新書版ノベルス戦争」などといわれていた。確か「講談社ノベルス」も一気に創刊十点を出し、派手な宣伝を打った。だからそっちのほうに気をとられていた。でも考えてみれば、「カドカワノベルス」はまったくの創刊といえるけれども、「講談社ノベルス」のほうは「ロマン・ブックス」や「東都ミステリー」の再現とも考えられるわけだね。

―― そうです。しかも「講談社ノベルス」は「東都ミステリー」の多様な展開になっていて、最初は松本清張、赤川次郎、西村京太郎といった読者層の厚いベテラン作家たちから始まりましたが、次第に意欲的な新人の起用に向かい、冒険小説、新本格派などに至り、それから京極夏彦や舞城王太郎にまで及んでいき、ミステリーのジャンルそのものを広げたような気がします。私はそれらに通じていませんので、それにふさわしいどなたかが「講談社ノベルス」を俯瞰し、見取図でも作成してくれれば助かるのですが。

55　白川充と宇山秀雄

原田　それは僕も同じように思うな。僕ももう歳だから東野圭吾あたりまでは読めても、それ以後の若い世代の人たちの作品までは読んでいませんから。
それから「推理特別書下ろし」シリーズのほうも、「新潮ミステリー倶楽部」などと異なり、こちらも僕が手がけた『書下し長篇探偵小説全集』に端を発するといわれれば、確かにそうだ。

――私が見るところ、これらの企画に絡んで、原田さんと講談社と東都書房の系譜を引き継いだのは白川充と宇山秀雄だと思います。

『講談社七十年史年表』所収の「年度別入社者一覧」を見てみますと、白川は一九五九年、宇山秀雄は六九年入社で、原田さんは四六年の入社ですから、それぞれ世代的に十年ずつちがう。

原田さんのミステリー編集史でいえば、白川は『日本推理小説大系』や『現代長篇推理小説大系』の時代に入社し、宇山のほうはもはや原田さんは教科書出版部にいましたが、中島が編んだ中井の『虚無への供物』も収録した現代ミステリーの記念碑ともいうべき『現代推理小説大系』の頃に入社している。二人がこれらの編集に関係していたかどうかはまったく知りませんが、大いなる刺激を受けたのではないかと推測しています。

それに白川は「大衆文芸館」も企画編集していて、これは原田さんの「ロマン・ブックス」に匹敵するのではないかとも考えています。

原田　白川君のほうはよく知っているし、その頃はどこの部署にいたのかな。彼はもう定年退職して、今は悠々自適の生活を送っています。でも今でもミステリーへの興味は失っておらず、出版関係の会合にも顔を出しますし、ミステリー関係の集まりでも時々会っている。残念ながら宇山君のほうは若死にしてしまった。

56　鷲尾賢也への追悼

――ええ、私もそれは聞いています。それから私も本当に残念に思っているのですが、同じく元講談社の鷲尾賢也（歌人名小高賢）さんも先日（二〇一四年二月十一日）亡くなってしまった。実は彼から新本格派の若い作家たちを育てたのは宇山で、これからという時に死んでしまったと聞かされていました。それもありますが、原田さんのインタビューのゲラを鷲尾さんに読んでもらい、事実確認も含め、彼の意見も聞くつもりでいました。原田さんのように出版社は興さなかったけれど、講談社退職後も神保町に事務所を構え、現役の歌人兼編集者として、色んな方面で活躍していた。また今年になって論創社から中里介山の『大菩薩峠』の都新聞版を底本とした完全版が出され始めましたが、この企画は鷲尾さんによるもので、それを考えますと彼は亡くなるまで現役の編集者だったことになります。だから、彼の死はとてもショックでした。まさか原田さんのインタビューの中で彼を追悼することになるとは予想だにしていなかったので。

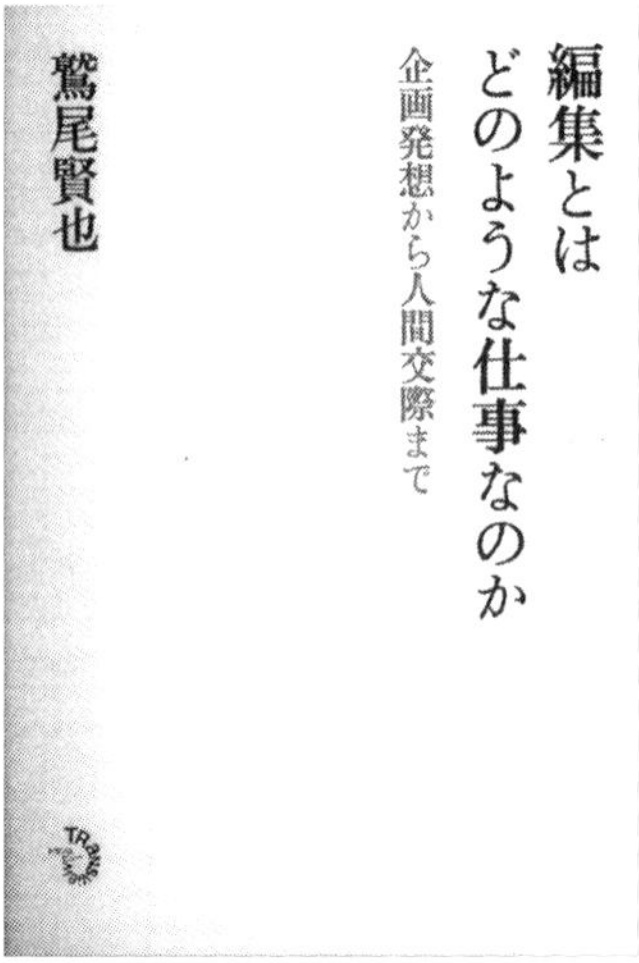
編集とはどのような仕事なのか
企画発想から人間交際まで
鷲尾賢也

原田　僕は鷲尾君とは一緒に仕事をしたことはないけれど、それらのことは知らなかった。それほど面識もなかったが、彼と宇山君は同期入社のはずですよ。

―― そうなんですか。だから鷲尾さんの死後に出された『小高賢』（「シリーズ牧水賞の歌人たち」5、青磁社）の中に二人が一緒にいる写真も含まれているわけですね。とすれば、鷲尾さんは講談社新書編集長や「講談社メチエ」の創刊、「現代思想の冒険者たち」などの企画に携わっていた。その一方で宇山がミステリーに力を入れていたことを考えると、原田さんと同期入社で、『群像』編集長として講談社の文学関係をずっと仕切っていた大久保房男との関係に相似している。

原田 ハハハ、それはちと考えすぎかもしれませんね。何しろ大久保君は純文学一本槍で通した男で、言うならば大久保彦左衛門のような、ある意味見事な男一匹でしたよ。『週刊現代』の編集長を命じられた時も、「『群像』はやめない」でよければと押し通したガンコ人間ですからね。社長も彼のそんな一徹さを高く評価していました。彼にいわせれば、「原田のやっているミステリーなんてフン」ってところでしょう。確かに講談社の文芸出版には出版局文芸派（原田）と編集局群像派（大久保）の二潮流があったということにはなりますが。

ところで宇山と鷲尾のことはともかく、白川のことも知っているのですか。

――ええ、あれは八〇年代初めだと思いましたが、白川さんから講談社文庫の解説を依頼され、それで知り合いました。その時すでに船戸与一の『非合法員』（七九年）が出ていて、続けて志水辰夫の『飢えて狼』（八一年）を刊行する予定だと話してくれました。これは聞いていませんが、逢坂剛の『裏切りの日日』（八一年）も手がけていたはずで、白川さんが所謂冒険小説、もしくは国産ハードボイルドの新しい幕開けを担った編集者だと認識しました。それもあって、私は九〇年代に船戸与一論を書くことになるのですが、あらためて白川さんに『非合法員』刊行に至る経緯と事情をヒアリングし、その事実を盛り込み、一冊を上梓することになったのです。

原田　いや、それもまったく知らなかった。それでミステリーのことにも詳しいわけですか。

57　出版社とミステリー出版の関係

――いえいえ、とんでもありません。私のほうがインタビュアーなのに私事をもらし、恐縮しております。

でもここまできまして、ようやく戦後の探偵小説、推理小説、ミステリーに関して、そのベースを築いたと見なせる講談社と東都書房における編集者の存在をあらためて確認できたように思います。それは原田、白川、宇山とつながる編集者の系譜ですが、それだけでもトレースできてよかったと考えています。戦前の場合も含めて、それらははっきりしないし、出版社のこともわかっていないことが多い。例えば、夢野久作の『ドグラ・マグラ』などの多くの名作を出したミステリー専門出版社といっていい松柏館はその典型で、まして編集者に関してはほとんどわかっていません。

原田　それはよくわかる。乱歩の『探偵小説四十年』は戦前戦後を通じて、探偵小説の資料の宝庫ではあるけれども、出版社と編集者に関しては語られているようで、実は肝心な情報は織りこまれていない。それはどうしてかというと、乱歩さんの体質もあるけれど、やはり作家と作品の歴史の色彩が強いからだろうね。それに乱歩さんは戦後ほとんど書いていないから、出版社や編集者とのつながりは薄くなっていた。

戦後多く出た探偵小説誌の場合でも、例えば『宝石』の場合、まず岩谷書店から城昌幸を編集長として創刊され、それが宝石社となり、乱歩さんが編集と経営に参画していったことはよく語られているが、詳細は不明です。『ヒッチコック・マガジン』に関しても、小林信彦が書いているけれど、同様じゃないかな。その他の出版の実態や編集者についてはほとんどわからない。

『マンハント』に関してはこの「出版人に聞く」シリーズ12の飯田豊一『「奇譚クラブ」から「裏窓」へ』における証言で、久保書店のことがようやく明らかになった。『日本ミステリー事典』（新潮社）などを引けば、『マンハント』の版元が久保書店であることは出てくるが、久保書店の実態はわかっていなかったし、誰も『マンハント』と『裏窓』編集部が隣り合っていたとは知らなかった。でも戦後のミステリー成立事情を調べるのであれば、それらの出版社状況も知っておかなければならない。

――そうですね。作家がミステリアスであってもかまいませんが、出版社や編集者事情ははっきりさせたほうがいい。比較的色んなことが伝わっているのは早川書房と『エラリイ・クイーンズ・ミステリ・マガジン』ですけれど、あの雑誌は後に作家や評論家になる多彩な人物が入れ代わりに編集長を務め、回想や思い出話がかなり出されているからです。それでもよくわからないところが多い。

58 第三次『日本推理小説大系』への期待

原田　僕は編集者、出版者として六十五年以上にわたってやってきたわけだが、その間の戦後の推理小説の歴史を考えてみると、一巡したとの感もある。それは前に話したと思うけど、今日泊亜蘭、渡辺啓助、樹下太郎さんの最初の本と最後の本を手がけたという感慨に加え、昔の作家と編集者のつながりがいかに深かったのかをあらためて考えてしまう。

僕の予感からすると、戦後の探偵小説から始まって、推理小説、ミステリーは他の分野以上にめざましく成長発展するに至り、現在があり、若い人たちはみんながうまくなってきているのだから、次は全体的な研究が深まっていくべきだ。それらを通じて、明治大正から現代までを眺望する新しい『日本推理小説大系』が編まれることを願っていますね。

――第一次『日本推理小説大系』、その第二次にあたる『現代推理小説大系』に続く、第三次『日本推理小説大系』ということになりますね。

原田　それに欧米ではかなり前から多くのミステリー作家の評伝や研究書が出され、それらの一部が早川書房などで翻訳されている。ミステリーの質において、日本のレベルは相当上がってきているが、そうした評伝や研究書の全体的レベルではまだとても比較にならない。

欧米のそのような評伝や研究書を読んでみると、他の社会・文学運動が起き、それに出版社の活動が結びついているように、ミステリーの出現に伴って、新たな編集者が登場し、新しい出版社が立ち上がったり、作家と編集者が手を携え、ミステリーという新しい出版の分野に挑んでいく動きが浮かび上がってくる。それはミステリーだけでなく、ＳＦも同様です。

考えてみれば、僕もそのようにしてミステリーの企画編集者としての道をスタートさせ、そうした生活を六十五年余にわたって続けてきた。だからそうした編集者の存在と営為も含んで、ミステリーの戦後史を考えるのであれば、そこにはもっと面白くて興味深い光景が広がるのではないかとも思われる。

今回のインタビューで、僕のミステリーに関する講談社や東都書房における仕事が長い年月を経て、ひとつの流れとなり、白川君の冒険小説やハードボイルド、宇山君の新本格派にまでつながっていくという事実を指摘され、確かにそれもあるのかと実感した。僕は出版芸術社に至って一巡したような気にもなったが、まだまだミステリーの新たな流れはとどまることなく続いていたわけだから。

――それは九〇年代の問題で、私も決して十分に把握しているわけではありません。ただ『小説現代』増刊号として、九四年から『メフィスト』が年三回出されるようになり、メフィスト賞が設定された。その『メフィスト』の編集者が宇山秀雄で、メフィスト賞受賞作が主として「講談社ノベルス」から刊行されるようになった。それが新しい流れを形成していく。ここら辺の経緯と事情を鷲尾さんに聞くつもりでしたが、彼も亡くなってしまったので、それもできなくなってしまい、とても残念で仕方がないのです。たまたま手元

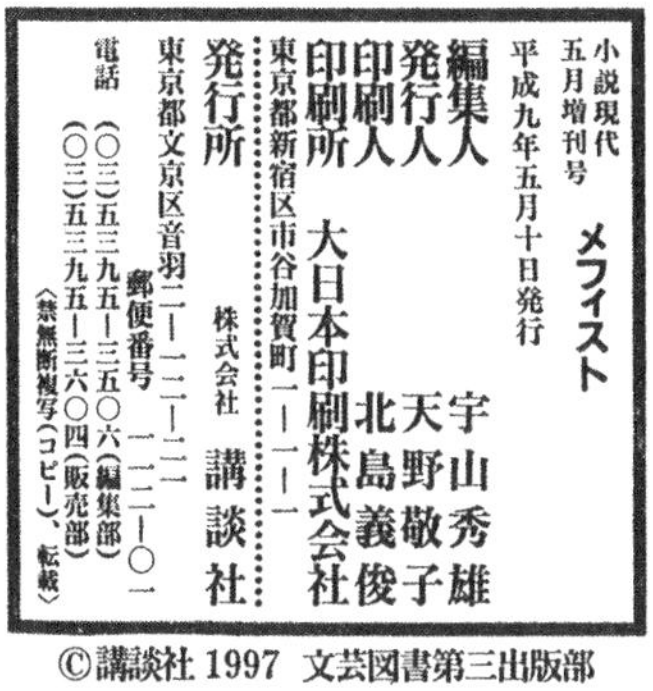

小説現代 五月増刊号　メフィスト
平成九年五月十日発行
編集人　宇山秀雄
発行人　天野敬子
印刷人　北島義俊
東京都新宿区市谷加賀町一ー一ー一
印刷所　大日本印刷株式会社
発行所　株式会社　講談社
郵便番号　一一二ー〇一
東京都文京区音羽二ー一二ー二一
電話　(〇三)五三九五ー三五〇六(編集部)
(〇三)五三九五ー三六〇四(販売部)
〈禁無断複写(コピー)、転載〉
©講談社 1997　文芸図書第三出版部

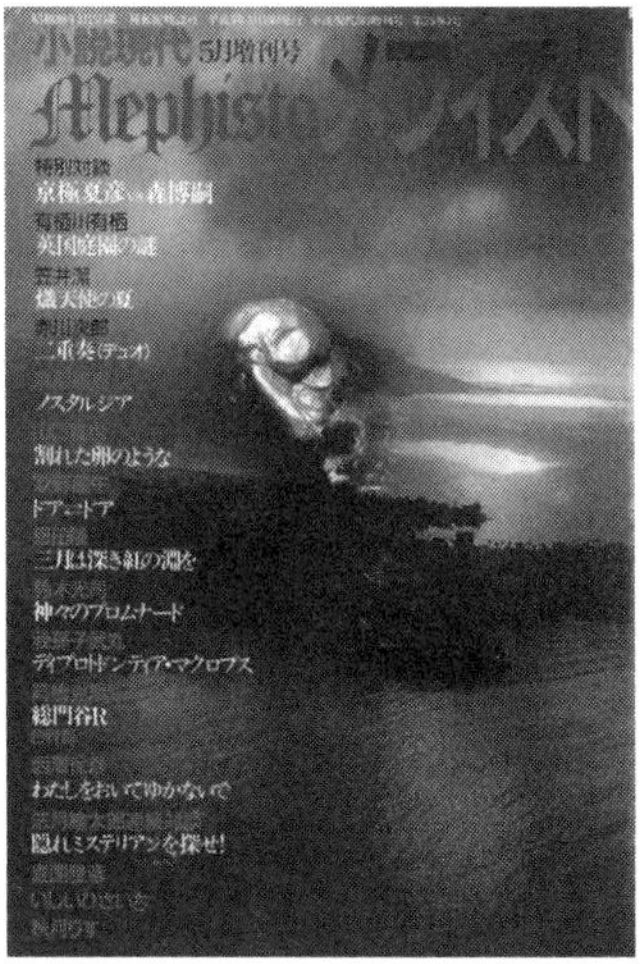

にある『メフィスト』の奥付には「編集人宇山秀雄」となっているので、これも表紙と奥付を転載しておきます。

原田　その『メフィスト』も何度か判型が変わり、今でも出されているようだから、こちらももはやひとつの歴史を形成してしまっている。本当に興味深いし、僕が講談社で始めたミステリーの仕事がそこまでつながっているとすれば、とても感慨深いし、本望だという気にもなってくる。

　それにこのインタビューの最後が図らずも、鷲尾、宇山両氏に対するレクイエムになっていることは非常によかったんじゃないかな。それに僕も八一年に書いた講談社の四代目社長野間省一レクイエムである「巨大な人」を巻末に収

録してもらうことになっているので、いずれも講談社の故人に対しての追悼となっている
し、僕もとても満足していますよ。

――お気遣い頂き、すいません。本当はそこまでもう少し具体的につめられればよ
かったのですが、鷲尾さんの急死などもあり、尻切れトンボのようなかたちになってしま
いました。ただ付け焼き刃的に取り上げるより、それらにふさわしい人がいれば、十全に
論じてもらったほうがいいかと判断したところもあります。

原田　そのほうがいいと思いますよ。僕もそこら辺の事情に通じた若い人がいれば、レ
クチャーしてもらうことにするし、心懸けておくつもりです。

――このように閉めて頂き、有難うございます。拙きインタビューで、お疲れのこと
と存じます。それでは原田さんのさらなる御健康と御長寿を祈りまして終わらせて頂きま
す。

付録

巨大な人――講談社四代目社長野間省一レクイエム

原田　裕

　野間省一社長は、日本人離れした体軀の持主で、見るからに大きな人であった。縦も横も大きい体に比例して、頭も大きかったから、さだめし脳味噌も沢山詰まっていたに違いない。眼も大きくてよく動いた。と言っても眼ばかり大きいのではない。体が大きくて、頭が大きくて、従って眼もまた大きい、釣合いがとれているのである。けれどその眼は、普通人の倍もありそうに見えた。ギロリと睨まれると、なにもかも見透されてしまいそうで怖かった。天下人《てんかびと》の器《うつわ》とでもいうのであろうか。編集者という仕事がら、有名人や、いわゆる『えらい人』にも沢山お目にかかったが、社長ほど雰囲気（カリスマ性にも通じる）を持つ人は珍しかった。

　少々余談になるが、役付きサラリーマンが部下を何人か従えて誰かを訪問したとする。接待してくれる女性は、当然、一番偉そうな人の前にまずお茶碗を置く。私の経験では、私の前に真っ先にお茶が置かれるのは、まあ三度に一度ぐらいの割合であった。『小柄』『若く見える』『貫禄がない』私は、上座に座ってせい一杯威張って見せても、この体《てい》たらくであった。だが社長は、そんな経験はまったくされなかったに違いない。誰が見ても、この人が御大将と一目で分かったはずだから。

省一社長は、創業者の初代野間清治社長とのご血縁はなく、静岡の高木家から入られたと伺っている。だから生まれながらにして社長だったわけではない。にもかかわらず、私には、社長は初めから社長になるべくして生まれてきたとしか思えないのであった。

講談社に入ってよかった、幸せだった、というのが古稀を越えた今の率直な思いであるが、その理由のまず第一に、この社長がいらっしゃったということをあげねばならない。

「スゲー社長だ。オレにはとても適わねェ」と思える人をトップに持てたということで、自尊心だけは一人前の私のプライドは傷付くことなく、心穏やかに仕事できたからである。おそらく誇り高き戦中派の同期生諸君も大方そうであったろう。新入社員時代、「箒や雑巾をもつような卑しい仕事はオレにはできん」と嘯《うそぶ》いて、部屋の掃除を拒否したO君（こんなタイプ今は絶滅）ですら会社に居着いたのも、この社長のせいに違いない。

まさかとは思うが誤解のないように付け加えると、社長の図体が大きくて、見栄《みば》えがよかったから心服したということでは勿論ない。始めにも書いた通り、社長は見た目の大きさに比例して、脳味噌の容量も大きかったらしい。そのせいか、誰よりも早く、誰よりも正確に、物事を理解し判断された。早くて正確な理解と判断に基づいて下される命令や指示は、当然適確なものとなり、部下は心服する。

会議の時など、細々とした数字が並んだ営業や経理の資料を、さっと眺めただけで、「○○君、この数字おかしくない？」と指摘される神業のような眼には、しばしば驚嘆させられたものである。そして何よりも編集の私にとってありがたかったのは、企画会議(昭和二〇年・三〇年代には社長自身が決裁された)で、下手くそな説明をする私の言わんとする意図を逸早《いちはや》く汲取って「原田はこう言いたいのだろ？」と、提案する編集の側よりも手際よく案をまとめてくださることであった。

「そうそう、その通りです」

「アハハハ……君はいつもぼくに言わせるけど、ズルいな、それも作戦かね？」

「いや、そんな……そんなことありませんよ」

「あのね、編集者はね、自分の意見をもっと上手に表現できないといけませんよ。会議の出席者を説得できなくて、お客さんに買ってくださいとどうして言えるの？」

「ハイ、そうですね、まったくその通りだと思います」

本当に社長の言う通りだから、私は気持ちよく納得する。もっとも、頭の片鱗で「そうは言っても社長の演説は、尾張さん（尾張真之介専務、話しが上手で聞き惚れたものだ）のようにはいかないな。社長たる者もっと話がうまくなくっちゃ、と言ったらどんな顔するだろ」などと考えて、ニヤニヤしたりもしたものである。

企画会議と言えば、講談社で最も売れた徳川家康（今何千万部になってるのかな？）の出版を決断されたのは、議長で決裁者の社長であった。あの超ベストセラーは社長の英断がなければ、一〇〇％実現していなかったはずである。

『講談社七〇年史』は、「徳川家康が本社に持ち込まれた経緯については、今となっては全くわからない」と書いている。どうしてそんなふうに書かれたのか、私には全くわからない。七〇年史が出された当時、私はまだ社にいたし、昭和三一年当時私の下で家康の出版を担当したA君も、文芸局の責任者として存在していたから、事情は明白だったはずなのだが。社外でも、著者の山岡荘八氏らの関係する同人誌『大衆文芸』に、その間の経過は詳しく掲載されていて、関係者は大抵読んでいたと思うのである。それならば何故社長の英断について一言も触れなかったのであろうか。

とは言うものの、社史編纂に携わった人達が、故意に社長を無視するはずはないから、おそらく編纂者としては、社史に書かれたすべての業績は、言うまでもなく社長の業績である、と考えていたのであろう。もちろんその通りである。ただ家康に関しては、社長がどのように考え、どのように判断されてこの企画を通されたかが大事なところなのだ。難しい会議における決裁者の進退を後輩に示すよき手本として。

『徳川家康』は、私が会社に対して少しは貢献できたと自負する企画の一つである。そして、私以上にそれは社長の功績だったのである。創業以来最大のベストセラーは、四代省一社長によってつくられた。社長はこの難しい企画にどうしてゴーサインを出されたのか、ご判断の具体的思考経過を社長ご自身からお聞きしたかった。後世のために。

私は長年そのことで腹ふくるる思いをして来たのであるが、私自身が関係していることでもあるから、「あいつは自分の自慢がしたいのだ」と思われるのが怖くて、今日まで黙っていた。偉そうなことを言っても、やっぱり私もサラリーマンだったのだ。

そんなわけで、この機会に少し紙面をいただいて、社史に書かれなかった社長の業績を顕賞したい。（とかく編集者は俺が俺がと言いたがるが、実際は経営者の功績であることが大半である。その適例が『徳川家康』であろう）

当時（昭和三二年）徳川家康といえば狸親父《たぬきおやじ》が代名詞で、とても小説の主人公にできるようなイメージではなかった。それを敢えて三社連合（北海道・中日・西日本新聞）に連載したのだから、山岡荘八氏はよほどの自信と覚悟があったのであろう。幸にも新聞読者の評判は上々で、三年たってもまだ連載は続いていた。当時、文芸課長のポストにあった私は、ある日山岡さんに呼ばれて、その出版を頼まれてしまったのである。

講談倶楽部時代から山岡さん担当で、公私ともにお世話になった私としては、なんとか実現してあげたい。が、「家康では困ったな、新聞連載と単行本は違うし、第一一〇巻以上なんてとんでもない《実際は二六巻になった》、とても売れそうもない。はて、なんと言って断ったものか」と、新聞の切抜き（ゼロックスはまだなかった）を包んだ唐草模様の風呂敷包みを抱えて、トボトボと社へ帰ったのであった。が、ともかく読むしかない。断るなら早い方がよい。そこで私は断る口実を探すつもりで切抜きをひろげた。

ところが読み始めたらこれがスゴく面白い。いささか作り話めくが、深夜になったのでぼつぼつ帰ろうかと窓の方を向くと、外の景色が見える。おかしいなと時計を見たら朝だった。という、ほんとうに本当の話なのである。

「これは傑作だ。是非本社《うち》から出すべきだ」とは思ったものの、企画会議を通す自信はない。せめて上下二巻ぐらいなら、なんとか営業関係に根回しもできるだろうが、一〇巻あるいはそれ以上になるかも知れない、というのではとても駄目だ。悪いことに昭和二九年には「社長白書」が出たくらいで、会社の業績はあまり芳しくなかった。

「オレが社長の立場だったら、いくらいいものでも、これは否決せざるを得ないだろうな」と思う。が、まあともかく主張だけはしよう、といった気持ちで会議に臨《のぞ》んだ。

例によって私の説明はあまり上手《うま》くない。その代わり、今度ばかりは事前に出来るだけ愛想よく関係者各部をまわって歩いたから、効果てきめん（?）、賛成もないかわりに、反対の声も上がらない。シーンとしているから、社長が、

「タルさん、君はどう思うかね」と、当時資材課長をしていたT氏に下問された。

その時のT氏の答えがまた百万ドルに値する。

「編集長がいいと言うんだから、いいじゃないですか」

「……そうか……、じゃあ、やってみるか。その代わり販売も宣伝も、よほどしっかりしなきゃな、豊臣秀吉とはちがうよ。家康公の本ってのはなにしろ初めてなんだから」

こうして、とても無理かと思われた『徳川家康』の出版が実現した。初版八千部は当時としては少ない部数ではない。四六判ハードカバーで定価二五〇円の採算を、二七〇円に

して二〇円は特別宣伝費に、印税も八%にまけてもらって二%を宣伝費にという具合で、単行本としては異例の宣伝を新聞各紙に展開した。すべて社長の英断による作戦である。

これがやがて空前のベストセラーとなって、家康ブームが起きることとなる。

またしてもウソのような話しであるが、日光東照宮の宮司さんが、

「今まで、祭神は誰方ですかと尋《き》かれて、徳川家康と答えるのが憚られましたが、講談社さんのおかげで、この頃は大威張りで言えます。ありがとうございます」

と、野間社長に特別昇殿参拝を許して、お礼を言ったという逸話がある。この時は役員や関係者もお供したから、覚えている方もいらっしゃるに違いない。

ところで『徳川家康』をベストセラーにした仕掛人についても、社史では触れていない。だがいるのである仕掛人が。ウソではない本当だ。またかと言うなかれ!

当時、リコーの市村清氏が校長で、中曾根康弘氏と五島昇氏が教頭格の『市村学校』という、若手政財界人の会があった。この会は、私の推薦で山岡先生の弟子になった佐藤正忠君(『経済界』主幹)が世話人で、マスコミ関係からは朝日のM君、毎日のT君、中日のM君と、私の四人が参加した。『徳川家康』は出てから二年ほど経ったが、まだ完結はしていなかったと思う。私は『家康』をなんとかして野間賞にしたいと、それとなく運動していた

が、純文学畑の委員は全然のって来ないし、そのうち『キング』と新雑誌の編集長兼務という名誉ある、しかし超忙しい仕事を仰せつかったため、『家康』殿とは当分お別れとなった。

ところが、佐藤正忠君が盆暮れにに割引きで買っては日頃世話になる財界人に贈っていた『家康』が、ぽつぽつと話題になり始めた。と言うより佐藤君が強引に話題にして、プレゼントに箔をつけたのである。それがきっかけで、私たちとは関係のない文春や他のマスコミでも取り上げられ、ベストセラーの火がついたのであった。

その間、社長はなにもおっしゃらなかったが、どうも中曾根さんや市村さんと会っておられたような気配がするのである。というのは、佐藤君やM君の名前をいつの間にか知っておられて、不審に思ったことがあったからである。当時の平山秘書課長が健在ならば、もしかすると真相をご存じだったかも知れない。ともあれ、私はこの仕掛人の黒幕に社長も一役買っておられたと確信する。社員に黙っておられたのは社長の茶目っけだろうが、企画会議メンバーの大半が危ぶんだ企画を通したからには、なんとしても成功させてやろうという気魄を、内に秘めておられたのだと思われてならない。

社長の功績をあげ始めたらきりがない。褒めてばかりいるのも、本書の趣旨ではないと思うが、もう一つだけ是非明らかにしておきたいことがある。

それは社長の人事への配慮である。サラリーマンにとって最大の関心事は、なんと言っても人事異動であろう。並行異動か、格上げか、格下げか、あるいは希望の部署か、その反対かによって、動かされる方は一喜一憂する。場合によってはノイローゼになったり、死にたくなったりさえする。

格下げや行きたくない部署への異動を言い渡された本人が嫌なのは当然として、対象となる本人とはなんの関係もない連中が、侃々諤々《かんかんがくがく》の論議を巻き起こすのもまたサラリーマンの習性である。その結果、飲み屋は儲かるが、人事課長は白い目にさらされる。他人の格下げにはそれほど文句は出ないが、誰が登用されたかには全社員の眼が光る。

誰が見ても公平という人事は神様でも難しいであろうが、社長はそれをほとんど完璧に実施されたように思う。

社員が納得する人事というのは、「あの人が○○になったのは、○○のせいだな」とその理由がはっきり判る人事なのである。それに賛成か反対かは問わない。理由さえはっきりしていれば、そこに経営の姿勢を見ることができるからである。一度や二度では判らなくても、何回も見ていれば、経営者がどういう方向で適正配置や登用を心掛けているかが判ってくる。

「社長は○○さんのようなタイプはお嫌いらしい」というようなことは、不思議に判ってしまうものである。それでもその人に功績があれば、躊躇なく登用されるということになると、社員は無駄なお世辞を使ったりせず、その分仕事に精を出す。

実際はもちろん、それほど簡単な図式ではないが、社長の人事にはほぼ全社員が納得していたのではなかろうか。講談社が戦後のあの難局を乗り切って、再び業界第一位の地歩を確保したのも、光文社や出版研から波及した大労働争議に、本社社員の動揺が見られなかったのも、人事面における社長の、公平にして適確な人事の積み重ねのせいであったことは、誰もが認めるところであろう。加えて、社長は血縁者を社に入れようとは決してならなかった。凡人には出来ないことである。

私が大好きだった高木三吉さんは、社長の兄上だから、唯一の血縁者というわけであるが、もともと高木さんの方がすでに入社しておられて、その後社長が野間家に入られたのであるから、これはいたし方ない。私の教育出版局時代、高木さんには随分お世話になった。人格・識見ともに優れた方であったから、せめて専務か常務の肩書きであれば、教科書協会副会長という役割にも相応しい（業界他社の協会役員はたいてい社長だった）と私はやきもきしたが、ついに平取締役以上にはなられなかった。会社の肩書きなど問題ではないにしても、それで押し通された社長ご兄弟には敬服する。

私が講談社に入ってよかったと思うのも当然ではないか。

その社長が、いよいよこれから（世界の講談社として）という昭和四六年に倒れられた。無念残念である。ちょうどその一週間ほど前、社長は小松茂美博士を柳橋に招待された。小松さんは旧制中学卒という学歴なのに、四二歳という記録的な若さで学士院賞を受賞、毎日出版文化賞・朝日賞も受けた、書蹟の研究にかけては折り紙つきの学究であった。その小松博士の三〇巻におよぶ大著『古筆学大成』が、八〇周年記念出版として企画会議を通過していた。もちろん社長直々の決断である。

「どうだい原田、小松さんをいっぺん招んでやろうじゃないか」

「それは喜ばれますよ。なにしろ強いですから、左が」

「どこがいいかね？」

「お座敷がお好きです。芸達者で……」

「そう……、二次会は？」

「もし構いませんでしたら、W先生の奥さんが銀座でまたRを復活させて……」

「ああ、案内状くれたな、かなり前だったかな？」

「ハイ、社長を連れて来て、と言われてはいますが……」

「ハハハ……しょうがないな、じゃ、それで予定しろよ」

というようなことで、小松先生を柳橋K桜にお招びした。先生は大いに喜ばれ、社長も上機嫌で互いに杯を重ねられた。その後の模様は小松先生があちこちへ書かれたから、読まれた人も多いであろう。二次会は打ち合わせ通り銀座のRということで、一緒に車から降りたのであったが、Rの玄関でふっと姿を消された小松先生は、何時まで経っても席に戻らない。

「どうしたのだろうね、先生は」

「へんですね、トイレかと思っていたのですが……」

「帰られたのかな？　お酒強いと聞いてたのに、意外に弱いんだね」

「いやあ、いつもは僕などかなわないのに……。今日はきっと緊張されたのですよ」

「でもまあ、喜んでくださったようだったからよかった」

広島出身のRのママと、同じく広島の小松先生なら話が合うだろうと、選んだお店であったけれど、うまく噛み合わず、社長もいくらか気落ちされたように見えた。普段なら、お客様がいなくなれば、いろいろと社内のことなど話題にされるのであるが、その晩は何故かひどく無口で、三十分ほど席に着かれただけで腰を上げられた。

「あら、もうお帰りになっちゃうの?」と、お付きの私に止めるよう目配せするママのW夫人には悪いと思ったが、とてもお引き止めするような雰囲気ではなく、私も一緒に表に出てしまったのであった。

「原田、今日はここで別れよう」

と、ぶっきらぼうに言われて、車の方へ歩いて行かれる社長の背中には疲労が滲み出ているように感じられた。肩が落ち、背が丸くなっている。

「疲れていらっしゃるのじゃないかな?」という考えが頭をかすめたが、まさかそれから一週間も経たないうちに倒れられるとは夢にも思わなかった。

私のイメージの中の社長は、葉を茂らせて聳え立つ大木のようで、どのような強風にもびくともしない存在感があった。私が定年になって会社を止める日には、あの大きな掌で私の手をつつみこんで、「ご苦労さま」と言ってくれるものと、頭の隅で信じ込んでいたような気がする。

だが、あの昭和四六年を境に巨大な社長はいなくなってしまった。何度か車椅子の社長とお話する機会を与えていただいたが、その度に胸が熱くなり、溢れるものを抑えるのが精一杯であった。いつの間にか私はこの人を父のように思っていたのである。

☆　☆　☆

有名作家の業績や人柄はしばしば紹介され本にもなるが、評論家では稀、編集者となると極めて稀ですよね。編集という表に出ない仕事だから、それも当然ながら、その元締めともいうべき会社社長（奥付の発行人は大抵社長）も黙殺されているのは少々お気の毒。

本書でも小田光雄氏が過褒と思われる筆致で僕を炙《あぶ》り出してくれていますが、その僕の師匠ともいうべき省一社長には触れる機会がありませんでした。ポプラ社の田中社長をベタ褒めしながら、うちの社長を語れないのはいかにも残念で片手落の気がします。そんなわけで唐突ながら本項を加えさせていただきました次第。

ある時、僕が企画会議で「うちの本は、他社に比べてどれも一、二割高いと思うが、それは何故です?」と営業部に食い下っていましたら、省一社長曰く、「本社は出版業界のトップだろ。その会社が力にまかせて安売りすれば、業界全体が細るんだよ。K社がこの値段なら自社《うち》もこの位で……、とゆとりのある定価を付けられるようにしてやれば、業界全体の力がつくからね」と穏やかに諭された声が、今も僕の耳に響いています。

野間さんとはそんな人、戦後の日本の出版界を世界水準に引上げた巨人だったのは間違いないと思うのです。一九八四年、七三歳の逝去は早すぎて全く口惜《くや》しいですよ。

ある図書館長の死

小田光雄

一九九九年は江藤淳の自死があり、そのにぎやかな追悼騒ぎに隠れて、辻邦生や後藤明生の死はどこかかすんでしまったような印象がある。もちろん江藤淳ほどではないにしても、彼らもまた文芸誌で追悼集が組まれたのではあるが。

しかし九九年は、彼らばかりではなく、二人の重要な文芸評論家が相次いで死亡した年として記憶されなければならないだろう。その二人とは尾崎秀樹と中島河太郎である。尾崎秀樹に対する追悼文はいくつか新聞に掲載されたが、中島河太郎に関しては、近代文学研究者の紅野敏郎の「中島河太郎氏と正宗白鳥」（『文学界』九九・六）という回想の小文が出ただけであったように思う。

『ミステリ・マガジン』ですら、稲葉明雄や瀬戸川猛資といった翻訳者や評論家への追悼はあっても、尾崎秀樹や中島河太郎の死について言及がなかったことは、何か寂しい気がする。両者とも実作者や翻訳者ではなかったけれど、戦後の大衆文学と推理小説の繁栄を支えた陰の功労者であった。二人の資料収集とその蔵書は大衆文学図書館と推理小説図書館を形成していて、それらの図書館の存在を抜きにしては、各種の大衆文学全集や推理小説全集の企画立案も不可能であったと思われるし、事実それらの企画にはほとんど二人が関わっていた。

また実際に、中島河太郎は九九年四月に開館した日本唯一のミステリ専門図書館であるミステリー文学資料館の初代館長であり、その蔵書は中島河太郎の収集した三万冊を中心にしている。私的な長年にわたる収集が公共的図書館へと転化したのである。もし中島河太郎の存在とそのミステリにかける情熱がなければ、資料は散逸し、この種の図書館の成立は不可能であったと思われる。

図書館界から中島河太郎に対する追悼の言葉はあっただろうか。

尾崎秀樹に関しては別の機会にゆずることにして、ここではもう少し追悼文すら出なかった中島河太郎についてふれてみることにする。中島河太郎は戦後、江戸川乱歩の勧めによって推理小説の研究に入り、五五年に「探偵小説辞典」（『宝石』連載、後に『日本推理小説辞典』、東京堂出版）で第一回江戸川乱歩賞、六六年に『推理小説展望』（東京創元社）で第十九回推理作家協会賞を受賞している。このダブル受賞からわかるように、その評論、研究は推理小説家たちからも高い評価を受けていた。中島河太郎の推理小説の研究は、豊富な文献収集と書誌学に基づく実証的なものであり、文学作品と異なる推理小説文献の収集はその何倍もの労力がかかっていると推測できる。

そうした評論、研究のかたわら、中島河太郎は多くの全集、大系の企画、編集、監修、解題に参画し、それらの代表的なものとして『世界推理小説大系』『日本推理小説大系』（いずれも東都書房）、『現代推理小説大系』『大衆文学大系』（いずれも講談社）がある。そしてこれらの別巻に、前述の『推理小説展望』『ミステリ・ハンドブック』『大衆文学通史・資料』（尾崎秀樹との共編著）といった労作をそれぞれ収録している。これらは古書業界では効き目扱いされ、別巻のあるなしで、古書価は倍以上開いてしまっている。これらの成果を踏まえて、推理小説研究の集大成が明治から昭和戦前の部分まで、『日本推理小説史』（東京創元社）として三巻まで刊行されたが、戦後編に至ることなく中絶してしまったのは残念でならない。

しかし中島河太郎の研究対象は推理小説だけではない。戦前は柳田国男や正宗白鳥の研究を続け、柳田国男研究にかけては先駆者であり、正宗白鳥研究では第一人者とされ、新潮社、福武書店の二つの『正宗白鳥全集』の実質的編集者であった。それなのに、筑摩書房の『定本柳田国男集』や文庫版『柳田国男全集』の編集や資料提供にはなぜか関わっていなかったようで、索引にも中島河太郎の名前をみつけることができない。おそらく柳田民俗学やその周辺が、中島河太郎の推理小説研究という事柄をもって、注意深く排除してしまっているからではないだろうか。

またそれは近代文学研究やアカデミズムの世界にもいえるのである。前出の紅野敏郎のエッセイによれば、中島河太郎が東大国文科の出身であり、同窓の研究者が多いのにもかかわらず、中島河太郎の名前と仕事はまったく語られたことがなかったということである。中島河太郎の仕事はアカデミズムからひとり離れて存在していたかのようだ。そしてそれが追悼文の出なかった理由となる。

だがこのことと柳田国男論も正宗白鳥論もあえてすることなく、推理小説に情熱を傾け、文献収集と書誌学の影に隠れて、淡々とそれらの仕事に従事し、収集した蔵書をもとに成立したミステリー文学資料館の館長として生を終えた中島河太郎の生涯は、何かとてもすがすがしい印象を残すのである。

（小田光雄『図書館逍遥』所収、編書房、二〇〇一年）

あとがき

論創社の「出版人に聞く」シリーズはとてもいい企画で、ずっと注目してきました。ところが論創社の黒田明さんからお声がかかり、僕にも出番が回ってきた次第です。九十歳のおしゃべりで、記憶違い、誤りもあるかと思いますが、それでも何らかのお役に立つことがあればという気持ちでおります。もちろん比べ物にはならないにしても、戦後ミステリーの出版をめぐっての、岡本綺堂の「三浦老人昔話」のように読んで頂ければ、望外の喜びです。

インタビューに際しては小田光雄氏に「おんぶにだっこ」でしたし、出版に当たっては論創社の森下紀夫氏にお世話をかけました。本当に有難うございます。

二〇一四年五月

原　田　裕

原田　裕（はらだ・ゆたか）
1924年和歌山県生まれ。早稲田大学政経学部卒業。46年大日本雄弁会講談社入社、文芸課長・雑誌「キング」「日本」編集長・東都書房・教育出版局長などを経て東都書房、子会社㈱第一出版センター社長に就任、88年同社退任と共に㈱出版芸術社を創業し、現在は会長を務める。日本推理作家協会名誉会員。

戦後の講談社と東都書房——出版人に聞く⑭

2014年8月10日　初版第1刷印刷
2014年8月15日　初版第1刷発行

著　者　原田　裕
発行者　森下紀夫
発行所　論 創 社
東京都千代田区神田神保町2-23　北井ビル
tel. 03（3264）5254　fax. 03（3264）5232　web. http://www.ronso.co.jp/
振替口座　00160-1-155266
インタビュー・構成／小田光雄　装幀／宗利淳一
印刷・製本／中央精版印刷　組版／フレックスアート
ISBN978-4-8460-1338-7　